CONDITIONS DE LA SOUSCRIPTION.

Il paraît chaque semaine une livraison d'une ou deux feuilles,

L'Ouvrage aura 20 Livraisons.

Prix de la Livraison : 25 centimes.

Les personnes qui auraient des documents à communiquer sur *l'Histoire des Écoles et des Étudiants*, sont priées de les adrésser *franco* à l'auteur, 85, rue de l'École-de-Médecine.

EN VENTE :

RUE DE L'ÉCOLE-DE-MÉDECINE, 85.

COMPTE-RENDU

DU

BANQUET DES ÉCOLES

Prix : 30 centimes.

UNE AVENTURE DE PANURGE

Comédie en vers de

CHARLES FILLIEU,

Rédacteur en chef du Démocrate des Hautes-Pyrénées.

IMPRIMERIE LANGE LÉVY ET COMP., 16, RUE DU CROISSANT.

HISTOIRE POLITIQUE

DES

ÉCOLES

ET DES

ÉTUDIANTS

1814. — 1849.

PAR

ANTONIO WATRIPON.

1re Livraison.

PARIS
P. MARTINON, LIBRAIRE, RUE DU COQ SAINT-HONORÉ, 4,
ET RUE DE L'ÉCOLE DE MÉDECINE, 85,
(Ancienne rue des Boucheries).

1849.

HISTOIRE POLITIQUE

DES

ÉCOLES ET DES ÉTUDIANTS

DEPUIS LE MOYEN AGE JUSQU'A 1850.

PARIS. — DE SOYE ET Cᵉ, IMPRIMEURS, RUE DE SEINE, 36.

HISTOIRE POLITIQUE

DES

ÉCOLES

ET DES

ÉTUDIANTS

DEPUIS LE MOYEN AGE JUSQU'A 1850

PAR

ANTONIO WATRIPON

PRÉCÉDÉE D'UNE PRÉFACE

PAR

LOUIS BLANC

PREMIÈRE PARTIE

1815 — 1830

PARIS

MICHEL ET JOUBERT, ÉDITEURS,

RUE SAINT-ANDRÉ-DES-ARTS, 27.

1850

L'Histoire politique des Ecoles et des Etudiants est, à coup sûr, une histoire toute nouvelle, qui a échappé jusqu'ici à l'attention des investigateurs de chroniques ou qui leur a peut-être semblé indigne de leur zèle. Je l'ai écrite, par hasard, comme le résultat d'une série d'observations attachantes qui ont fini par me dominer, tandis que, poussé par la simple curiosité, je feuilletais des notes éparses et sans lien apparent. Dans cet amas de documents inédits et décousus, je trouvai une tradition toute faite, pleine de leçons, et que personne n'avait encore soupçonnée, parce que personne ne s'est donné la peine de rechercher s'il n'y avait pas une puissance réelle, quoique mystérieuse et inconnue, dans cet être collectif qu'on appelle *les Ecoles.*

Aux yeux du plus grand nombre, peut-il y avoir quelque chose de sérieux derrière cette individualité, l'Etudiant, qu'on a cru superficielle parce qu'elle était avant tout pittoresque ? La littérature moderne elle-même, — j'entends la romantique, — qui a la prétention de se croire consommée dans l'art de la dissection, n'a fait qu'effleurer son épiderme. Elle s'est plu à nous dépeindre, dans chacun de ses livres, des détails de vie intime, des récits d'alcove ; elle a dressé un minutieux inventaire de la garde robe de l'Etudiant. Que serait-ce, pourtant, sans le vigoureux crayon de Gavarni, qui nous a traduit avec tant de bonheur et d'assurance l'étude des mœurs du Quartier-Latin, et, à côté du costume original et primitif, les incroyables péripéties de cette existence qu'on croit sans veille et sans lendemain ?

Sans doute, cette recherche de l'excentrique suffit aux exigences du feuilleton ou du roman, et à la bonne volonté des oisifs..... Mais n'y a-t-il donc rien au delà de ce monde de fantaisie, tout illustré pour les besoins des cabinets de lecture ?.... Cet essaim de jeunes générations qui se succèdent et se remplacent chaque année dans une ruche toujours plus large et plus nouvelle, ne produit-il qu'un bourdonnement vague et insipide ?..... Ah ! vous vous trompez ! ces phalanges naissantes à l'étude et à la vie ne sont pas toutes pour le plaisir et pour la fête... Il y a dans ces jeunes têtes des illusions si généreuses qu'elles sont toutes-puissantes ; il y a la séve et le bouillonnement des idées, et, suivant la parole de Mme de Staël, ces jeunes hommes « doivent penser plus haut qu'un fait..... »

Un observateur, nous ne voulons pas dire un *romancier*, qui possède un talent d'analyse si incomparable que souvent il semble desséchant, M. de Balzac, a écrit quelque part (en 1840) ces lignes mémorables :

« La révolution de juillet, le système d'août 1830, faits par la jeunesse qui a lié la javelle, faits par l'intelligence qui avait mûri la moisson ; et le système d'août a oublié la part de la jeunesse et de l'intelligence ! *La jeunesse éclatera comme la chaudière d'une machine à vapeur*. La jeunesse n'a pas d'issue en France, elle y amasse une avalanche de capacités méconnues, d'ambitions légitimes et inquiètes ; elle se marie peu ; les familles ne savent que faire de leurs enfants. Quel sera le bruit qui ébranlera ces masses ? Je ne sais ; mais elles se précipiteront dans l'état de choses actuelles et le bouleverseront. Il est des lois de fluctuation qui régissent les générations, et que l'empire romain avaient méconnues quand les barbares arrivèrent. Aujourd'hui les barbares sont des intelligences. Les lois du trop plein agissent en ce moment, lentement, sourdement au milieu de nous. Le gouvernement est le grand coupable, il méconnaît les deux puissances auxquelles il doit tout ; il s'est laissé lier les mains par les absurdités du contrat ; il est tout préparé comme une victime.

» Louis XIV, Napoléon, l'Angleterre, etaient et sont avides de jeunesse intelligente. En France, la jeunesse est condamnée par la légalité nouvelle, par les conditions mauvaises du principe électif, par les vices de la constitution ministérielle. En examinant la composition de la chambre élective, vous n'y trouverez point de député de trente ans. La jeunesse de Richelieu et celle de Mazarin, la jeunesse de Turenne et celle de Colbert, la jeunesse de Pitt et celle de Saint-Just, celle de Napoléon et celle du prince de Metternich, n'y trouveraient point de place ; Burke, Shéridan, Fox, ne pourraient s'y asseoir. On aurait pu mettre la majorité politique à vingt et un ans, et dégrever l'éligibilité de toutes espèces de conditions; les départements n'auraient élu que les députés actuels, des gens sans aucun talent politique, incapables de parler sans estropier la grammaire, et parmi lesquels, en dix ans, il s'est à peine rencontré un homme d'Etat. On devine les motifs d'une circonstance à venir, mais on ne peut pas prévoir la circonstance elle-même. En ce moment on pousse la jeunesse entière à se faire républicaine, parce qu'elle voudra voir dans la république son émancipation. Elle se souviendra des jeunes représentants du peuple, et des jeunes généraux ! L'imprudence du gouvernement n'est comparable qu'à son avarice. »

Certainement quelques-uns de ces derniers reproches tombent à faux aujourd'hui en présence du suffrage universel ; mais le mal n'en existe pas moins à la racine, et nous les citons seulement pour en démontrer la justesse prophétique. La république de février a peu fait pour le peuple : qu'a-t-elle fait pour cette jeunesse studieuse que dévorent l'incertitude de son lendemain et cette terrible misère si justement appelée : *La misère en habit noir* ?... — Les gouvernants actuels sont-ils condamnés à répondre comme la royauté : « Rien ?. . »

Mais notre rôle est ici moins de récriminer que de raconter. — Quelques-uns de ces jeunes hommes, sur qui la faim pèse de tout son poids, regardent avec plus de sérénité l'avenir, et y tendent par cette espérance infatigable, incorruptible au malheur, dont les ailes, comme dit le poëte, croissent et grandissent à mesure que tout semble la tromper. Il y a douze ans, Châteaubriand entrevoyait cette phase critique à travers laquelle la jeunesse devait passer ; dans ses considérations sur le génie des révolutions, il disait : « Que de jeunes générations remplies d'illusions bravent le » flot corrompu des lâchetés ; qu'elles marchent tête baissée vers » un avenir pur qu'elles croiront saisir, et qui fuira incessamment; » rien de plus digne de leur courageuse innocence ; trouvant dans » leur dévouement la récompense de leur sacrifice, arrivées de

» chimère en chimère au bord de la fosse, elles consigneront le » poids des années déçues à d'autres générations abusées qui le » porteront jusqu'aux tombeaux voisins, et ainsi de suite... » Puis, comme s'il se repentait de cette parole de découragement, le grand écrivain ajoute aussitôt : « Un avenir sera, *un avenir puissant,* » *libre dans toute la plénitude de l'égalité évangélique...* Et cela, après avoir dit : « Tout s'en va ! il ne sort pas aujourd'hui » un enfant des entrailles de sa mère qui ne soit un ennemi de la » vieille société. »

L'Histoire des Ecoles tire son principal intérêt de ce pressentiment infaillible de l'avenir que porte avec elle la jeunesse; partout, à chaque époque, ce pressentiment se fait jour dans la moindre manifestation, dans l'acte le plus imperceptible de la vie publique des Etudiants. C'est une tradition vivante dans laquelle l'âme de la jeunesse respire, par laquelle elle se dégage à son insu, pour ainsi dire, puisque, sans solution de continuité, sans engagement réciproque, d'une année à l'autre, — ceux qui viennent continuent l'œuvre de ceux qui s'en vont, et cela naturellement, par transition, ou plutôt par instinct des destinées qui se préparent. — En un mot, la nouvelle génération remorque toutes celles qui l'ont précédée ; locomotive du mouvement moral, elle les entraîne à sa suite sur la route du progrès.

Récemment, dans une de ces communions fraternelles, agapes de l'avenir, qui deviennent de plus en plus fréquentes parmi les Etudiants, il nous a été donné de voir, réunis par le hasard, deux jeunes gens, le petit-fils de Couthon et le petit-fils de Lakanal, se serrer étroitement la main et renouveler ainsi, à la face de leurs camarades, la grande amitié qui unissait les deux conventionnels. Et cette belle scène avait pour spectateurs de braves Etudiants de Vienne échappés au massacre de la Légion Académique, des Moldo-Valaques, des Italiens, des Allemands; des élèves des Ecoles étrangères représentant toute la jeunesse d'Europe. — Voilà la véritable tradition ! De l'histoire elle passe dans les faits, pour se perpétuer et vivifier l'humanité engourdie. — Ah ! c'est bien alors que l'histoire est vraiment une résurrection !

Avant d'arriver à la période politique proprement dite, je dois donner d'abord, en forme d'introduction, une esquisse rapide des *Ecoles et des Ecoliers au moyen âge.* De pair avec ces études de mœurs, calquées sur les données authentiques qui fournissent le mieux la physionomie du temps, marche l'histoire de l'Université et des études. Pour cette partie toute de reproduction, je m'appuie sur l'autorité des écrivains contemporains qui se trouveront cités au besoin. Je n'interviens, à vrai dire, dans le récit, qu'à partir de la renaissance révolutionnaire, à peu près vers la chute de l'empire, c'est-à-dire à l'endroit où commence réellement *l'Histoire politique des Ecoles et des Etudiants.*

Je me suis moins attaché à l'histoire des études prises en elles-mêmes qu'à la narration des faits ayant pour but de prouver ceci : que l'esprit des Ecoles a été de tout temps indépendant et hardi, et qu'en s'associant toujours à la marche des idées, il a préparé l'avénement de la démocratie. Minorité ou majorité, qu'importe ! Ces jeunes gens portaient dans leurs cœurs l'étincelle sacrée, et une étincelle suffit pour tout embraser...

Je m'arrèterai après la révolution de février 1848, pierre d'attente du nouvel ordre social... Aurais-je même le temps d'arriver jusque-là ? je ne sais. L'aiguille court si vite sur le cadran des révolutions ! déjà elle marque l'heure d'événements inconnus...

Puissent ces pages jetées dans le torrent, y surnager quelque temps pour dire aux pionniers nouveaux ce qu'ont fait leurs aînés, et leur apprendre par quelles œuvres ils peuvent mériter de l'avenir.

INTRODUCTION.

---

§ 1er.

Premières Ecoles dans les Gaules. — Etablissements d'instruction publique sous Charlemagne. — Manie de la *scolastique*. — Etat des Etudes au douzième siècle. — Les Ecoles sous Abeilard. — Nature de l'enseignement. — Les Etudiants source de prospérité et d'accroissement pour la capitale. — Origine de l'université et des quatre nations.

Le paganisme mourant jeta ses dernières lueurs dans les Gaules où les Romains avaient essayé de le raviver en établissant des Ecoles à Arles, Bordeaux, Toulouse, Autun et Lyon. Dès le quatrième siècle elles cessèrent d'être fréquentées et furent remplacées par celles que les évêques ouvraient dans les églises pour leur clergé.

Il y avait, en 508, l'Ecole du cloître de la cathédrale. Clovis fit construire à côté de son palais, sur la Montagne-Sainte-Geneviève, une Ecole de ce nom, à l'endroit même où l'on remarque aujourd'hui la *tour* dite de *Clovis*, dans l'enceinte du lycée Corneille (ancien collége Henri IV) enté sur les ruines de l'abbaye de Sainte-Geneviève. Ce roi, sous l'inspiration des évêques, ouvrit encore dans son palais une autre Ecole où Childebert, son fils, fut élevé.

Ces Ecoles furent détruites pendant les guerres civiles qui suivirent la mort de Clovis. Childebert, devenu roi, les releva. On n'y enseignait que le latin, et encore n'étaient-elles ouvertes qu'aux *clercs*; car il fallait être ecclésiastique pour avoir le droit d'étudier. Les lumières, c'est-

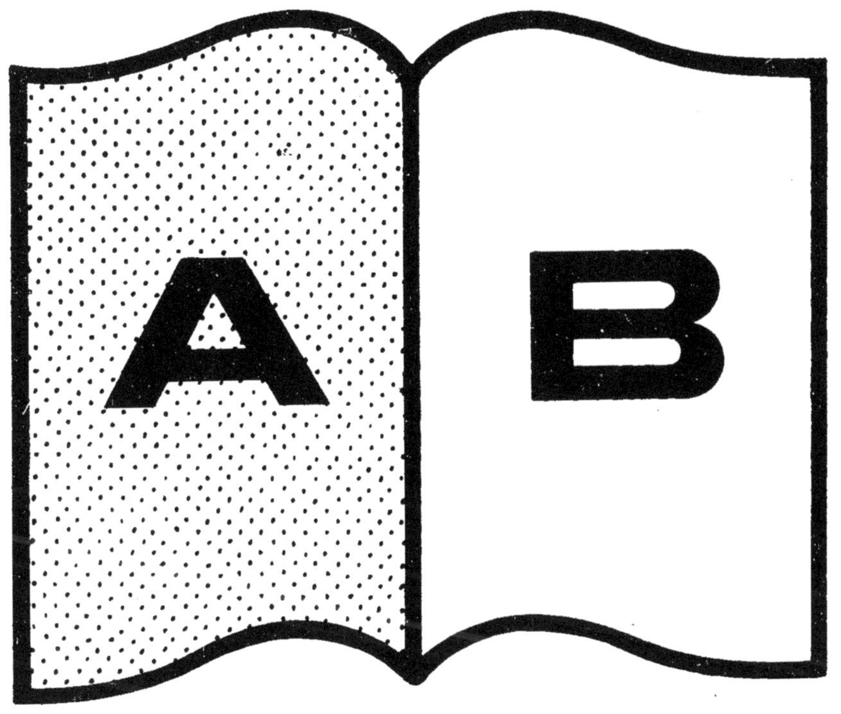

Contraste insuffisant

NF Z 43-120-14

à-dire la grammaire latine et la théologie, étaient concentrées dans les cloîtres. Les abbayes de Saint-Germain-des-Prés et de Saint-Martin-de-Tours devinrent les plus célèbres.

Au huitième siècle, les lettres sont en pleine décadence. Charlemagne apparaît, et aussitôt les Etudes refleurissent dans ses vastes Etats. L'ignorance du clergé gaulois est extrême. L'empereur appelle autour de lui des savants étrangers, des chantres, des grammairiens, des arithméticiens. Il multiplie les établissements d'instruction publique, et veut même avoir une académie dans son propre palais « *qui était*, dit un historien, *comme une ville ambulante*. » Cette Ecole appelée *Palatine* survécut près d'un siècle à son fondateur, qui lui avait donné pour chef le célèbre Alcuin. On s'y occupait beaucoup de théologie. Gisèle, sœur de Charlemagne, et Richtrude, sa fille, soulevaient des problèmes qu'Alcuin se chargeait de résoudre. La grande question du culte des images agitait alors les esprits. L'empereur, pour exciter l'émulation des élèves, les interrogeait tous indistinctement, riches et pauvres. Il leur laissa ses *Capitulaires*, recueil des premières lois françaises.

C'est à tort que Charlemagne a été considéré comme le fondateur de *l'université*. Il en est regardé, il est vrai, comme le patron, depuis Louis XI, qui ordonna, en 1479, la célébration de sa fête, usage qui s'est perpétué jusqu'à nos jours. Les universités ne furent instituées qu'au treizième siècle, sous Philippe Auguste.

Selon Fleury, les deux plus anciennes universités connues furent celles de Paris et de Bologne.

Les Irlandais, qui affluaient chaque année davantage dans les Ecoles de Paris, y apportèrent la manie scolastique qui consiste à remplacer la logique par l'argutie. Le plus habile, Jean Scott, précurseur de Calvin, gouverna l'Ecole Palatine sous Charles le Chauve ; mais la hardiesse de ses doctrines le fit chasser du palais. Il se réfugia en Angleterre où il fut tué par ses disciples.

Seule, pendant plus de cent cinquante ans après, l'Ecole de Reims se distingua par ses maîtres saint Bruno, Roscelin de Compiègne, chef de la secte des Nominaux, etc. — Lanfranc mit en réputation l'Ecole de Sainte-Geneviève, tandis qu'Adam du Petit-Pont et Pierre le Mangeur enseignaient à l'Ecole épiscopale qui se tenait au cloître Notre-Dame.

Au commencement du douzième siècle, la rhétorique, la dialectique et la théologie brillent tout à coup d'un grand éclat à Paris, sous Guillaume de Champeaux et ses disciples ; sous Abeilard, fameux alors par son enseignement, célèbre depuis par ses amours avec Héloïse. Mais laissons dans sa poésie séculaire cette dramatique légende de gloire, d'amour et de malheur ; occupons-nous seulement du maître qui attacha à sa parole une foule de trois mille auditeurs avides de ses leçons. C'est à cette époque que les Ecoles méritent leur nom.

Enfant de la Bretagne, tempérament fougueux, Abeilard disait qu'il préférait la milice de Minerve à celle de Mars. Il était devenu l'idole de ses élèves ; et tel était le prestige que cet homme supérieur exerçait sur tout son entourage, qu'Héloïse, demandée en mariage à son oncle, après son enlèvement, déclarait qu'il n'avait pas d'égal, et qu'elle *aimait mieux être la maîtresse* d'Abeilard que sa *femme*. Sa grande célébrité lui attira un concours extraordinaire d'élèves du royaume et même de l'étranger. Bientôt après lui, dit l'*Histoire littéraire de France*, la multitude des Etudiants surpassa, dans Paris, le nombre des habitants, et l'on avait peine à y trouver du logement.

Abeilard s'était d'abord formé à la Montagne-Sainte-Geneviève où enseignait Guillaume de Champeaux. Il se sentit bientôt de force à surpasser son maître ; mais n'osant pas le supplanter dans Paris, il alla ouvrir son Ecole à Melun. Les intrigues des prêtres l'obligèrent de se retirer à Corbeil, où il transféra son *camp*, nom qu'il donnait à son Ecole le plus souvent tenue en plein air, tant était grande l'affluence des assistants. Partout il réfutait les opinions de son ancien maître, sur lequel il remporta une victoire complète. Guillaume se retira ; et Abeilard s'établit sur la Montagne, à Paris. Saint-Bernard, abbé de Clairvaux, en 1115, le fit condamner, pour les erreurs qu'il propageait, par les conciles de Soissons et de Sens. Il n'en resta pas moins considéré comme le plus grand philosophe de son siècle et le seul commentateur d'Aristote. Parmi ses élèves, on en compte cinquante qui devinrent évêques ou archevêques, vingt cardinaux, et un qui devint pape sous le nom de Célestin II. L'auteur du *Livre des sentences*, Pierre Lombard, plus tard évêque de Paris, mit le comble à la réputation des bonnes études qui se faisaient dans cette ville.

Les livres étaient manuscrits et par conséquent fort rares, à tel point que, dans les églises, un bréviaire commun, enfermé dans une cage de er, servait à tous les prêtres pour leur office. On l'exposait dans le lieu le plus élevé, pour que tous ensemble pussent y lire à la fois ; et dans les bibliothèques, les manuscrits étaient attachés par des chaînes de fer, afin que les Etudiants pussent les lire, sans pouvoir les emporter. Il en coûtait moins pour venir d'un pays lointain à Paris que pour acquérir le *Livre des sentences*, par exemple. Et encore, on devait y joindre la glose, et la glose de la glose. La plus nouvelle étant toujours la plus en vogue, sinon la meilleure, il fallait venir l'entendre de la bouche même des professeurs. Car ces maîtres ne dictaient pas ; ils lisaient un texte et l'expliquaient verbalement. Les auditeurs, pour ne rien perdre, recueillaient leurs paroles à l'aide d'abréviations rapides, qui rendent aujourd'hui la lecture de ces manuscrits extrêmement difficile.

Les leçons de philosophie étaient également orales. Le texte, pris d'Aristote, donnait lieu à des commentaires innombrables, arbitraires, variables. Les plus fameux étaient ceux que les professeurs savaient mieux soutenir par le raisonnement. Ces thèses, qui avaient autrefois rempli les Ecoles d'Alexandrie et d'Athènes pour les sciences exactes et les lettres, appelaient à Paris des jeunes gens de toutes les parties de l'Europe, en vue des études théologiques, qui menaient aux bénéfices ecclésiastiques, alors si nombreux, si riches et si puissants. La France seule, malgré son état féodal, offrait ces gages d'hospitalité que le roi assurait aux Etudiants étrangers et nationaux. L'Eglise, toute-puissante, aurait frappé d'excommunication et dépouillé de ses Etats, au profit de la couronne, celui de ses vassaux qui aurait osé contrevenir à la volonté du roi, dans cet objet qui intéressait également l'Eglise, dont l'Ecole de Paris perpétuait la doctrine, et la monarchie, dont la capitale s'enrichissait, par l'affluence de tous ces Etudiants, parmi lesquels se trouvaient des princes et des rois. L'archiduc Léopold d'Autriche y avait fait ses études, et vers la fin du siècle suivant, Charles de Luxembourg, roi de Bohême, et ensuite empereur d'Allemagne, prit l'Ecole de Paris, où il avait été élevé, pour modèle de celle qu'il fonda depuis à Prague. (Halmagrand. *Origine de l'Université*, p. 59.)

Jusque-là cependant les cours d'Etudes ne présentaient que des réunions isolées et jalouses les unes des autres; la science était une affaire de parti, et les Ecoles du cloître Notre-Dame, de Sainte-Geneviève, et de Saint-Victor, moins émules que rivales, se distinguaient presque autant par leur opposition que par leur enseignement. Elles se réunirent enfin en une seule corporation, que Mathieu Paris appelle *Consortium electorum magistrorum*, Société des maîtres choisis. Dès l'an 1169, ce corps était déjà divisé en plusieurs *nations* ou provinces ; et cet historien nous apprend qu'en cette même année, Henri II, roi d'Angleterre, offrit de prendre pour arbitre, dans sa querelle avec saint Thomas de Cantorbéry, ou la cour des pairs de France, ou le clergé français, ou *les diverses provinces de l'Ecole de Paris*. On peut, par ce trait, juger de la considération dont jouissait déjà l'université. Les Elèves furent d'abord classés en quatre nations : France, Angleterre, Normandie, Picardie. Plus tard, sous le règne de Charles VI, lorsque l'Anglais fut expulsé de notre territoire, la nation allemande fut substituée à l'Angleterre.

§ II.

Priviléges de l'université et des Etudiants. — Le *Pré aux Clers* ; contestations des premiers occupants. — Rixes d'Ecoliers. — Ordonnance de Philippe Auguste en faveur des Ecoliers. — Mœurs des Etudiants au douzième siècle. — Division des sciences : deux degrés, quatre facultés, grades universitaires. — Détails sur l'intérieur des Ecoles. — Premiers règlements.

Les premiers priviléges de l'université sont contenus dans un diplôme de Philippe Auguste, de l'an 1200, où, pour la première fois, il est question du *recteur* ou chef de cette compagnie, à laquelle les papes donnaient le titre de *Universum* ou *Generale studium parisiense*, d'où lui est venu le nom d'UNIVERSITÉ. Innocent III, pape depuis 1198 jusqu'en 1216, est le premier qui, dans une décrétale, ait donné le titre d'université à l'Ecole de Paris, et Rigord, historien de Philippe Auguste, parle de cette école sous le même nom. Les priviléges accordés au recteur sont incroyables pour ce temps. Outre qu'il « ne pouvait être soumis pour aucun forfait à la justice royale, » le recteur donnait les pouvoirs aux prédicateurs ; sa signature intervenait dans les actes publics et même dans les traités. L'université députait aux conciles ; elle ne contribuait pas plus que ses membres à aucune charge de l'Etat. « Enfin, dit le président Hénault, la science semblait un tel prodige dans ces temps d'ignorance, que l'on croyait ne pouvoir trop faire pour un corps qui en était dépositaire. »

Les Ecoliers ou *clercs* — ce nom s'appliquait aux ecclésiastiques et même aux Etudiants — jouirent aussi d'une pareille inviolabilité. Voici par quelle suite de faits des priviléges leur furent conférés :

A l'ouest et au nord de l'abbaye et du bourg de Saint-Germain étaient de vastes prairies qui s'étendaient depuis ce bourg jusqu'à la rivière de Seine, et, pour nous servir d'une désignation moderne, depuis la rue des Saints-Pères jusqu'à l'esplanade des Invalides. Les Ecoliers avaient la coutume de venir se promener en toute liberté sur ce terrain qui en reçut, comme consécration, le nom de *Pré aux Clercs*. En 1163, une grande discussion s'était élevée entre les moines de Saint-Germain et les Ecoliers au sujet de ce pré. Soumise au jugement du concile de Tours, où se trouvaient dix-sept cardinaux et cent vingt-quatre évêques, elle y occasionna de longs débats. Les clercs y furent condamnés à un *éternel silence* (1). En 1192, les Ecoliers, qui continuaient à regarder ce pré comme leur propriété, y commirent divers excès. Les habitants du bourg de Saint-Germain voulurent les repousser ; un écolier y perdit la vie, d'autres furent blessés. Cette querelle sanglante en fit naître une autre entre les Ecoles et l'abbaye de Saint-Germain. Les deux partis invoquèrent l'autorité du pape. Déjà, en 1159, le pape Alexandre III avait chargé le cardinal de Saint-Chrysogone et les archevêques de Reims et de Sens de faire des règlements pour les Ecoles de Paris ; mais c'était plutôt pour gratifier les Etudiants que pour réprimer leurs écarts. Le pape Célestin III ordonna, par une décrétale de 1194, qu'aucun des clercs ne fût traduit devant les tribunaux séculiers, et que leurs causes pécuniaires fussent décidées suivant le droit canon. Enfin, aux termes d'un règlement de 1215, la propriété du Pré aux Clercs, ou du moins la faculté d'en jouir en s'y promenant, est définitivement adjugée aux Ecoliers.

Philippe Auguste avait stipulé dans son diplôme de 1200, « que les maîtres et Ecoliers de l'université étaient sous la responsabilité des bourgeois de Paris ; que tout agresseur des suppôts de l'université serait à l'instant livré à la justice royale ; qu'aucun membre de l'université ne pouvait jamais être jugé par les tribunaux laïques ; qu'enfin tous les prévôts de Paris jureraient de faire observer ces priviléges et de les observer eux-mêmes. »

Dans cette même année, le serviteur d'un gentilhomme de Liége, Etu-

(1) Dulaure, *Histoire de Paris*.

diant à Paris, ayant été maltraité chez un marchand de vin, les Ecoliers allemands vinrent au secours de leur compatriote, et frappèrent si rudement le marchand qu'il fut laissé à demi mort. Les bourgeois accoururent en armes à leur tour pour venger la victime. Le gentilhomme allemand et cinq Ecoliers de sa nation furent tués. Le prévôt de Paris, nommé Thomas, était à la tête des Parisiens dans cette expédition. Les maîtres des Ecoles s'en plaignirent à Philippe Auguste, qui, après avoir ordonné l'arrestation du prévôt et de ses acolytes, fit abattre leurs maisons, arracher leurs vignes et leurs arbres fruitiers. Le prévôt Thomas, condamné à un an de prison, eut la faculté de prouver publiquement son innocence par l'*épreuve de l'eau*, avec cette étrange condition que si la culpabilité résultait de cette épreuve, il serait puni; et que, s'il arrivait, au contraire, qu'il fût trouvé innocent, il serait déclaré incapable de remplir les fonctions de prévôt de Paris et de bailli dans tout autre lieu du royaume. A cette occasion, le roi rendit une ordonnance par laquelle il est dit que les habitants de Paris qui seront témoins d'une insulte faite à un Ecolier, devront en rendre témoignage; que ces habitants, lorsqu'ils verront un Ecolier frappé avec des armes, des bâtons ou des pierres, seront tenus d'arrêter l'agresseur et de le livrer à la justice. Si l'agresseur n'est pas pris en flagrant délit, on informera contre lui; et si, par l'enquête, il est trouvé coupable, quand même il nierait le fait, et offrirait de se purger par le *duel* ou par le *jugement de l'eau*, les officiers du roi en feront aussitôt justice. *Il est défendu au prévôt du roi et à son officier de mettre la main sur un Ecolier*, et de le conduire en prison. Si, par la gravité de son délit, il mérite d'être arrêté, il ne pourra l'être que par la justice du roi. Elle l'arrêtera sur le lieu, sans le frapper, à moins qu'il ne fasse résistance, et elle le remettra à la justice ecclésiastique. — *En aucun cas*, on ne peut arrêter un Ecolier hors du flagrant délit. — *Les serviteurs des Ecoliers jouiront des mêmes priviléges* (1).

Les Ecoliers, forts de la protection du roi et assurés de l'impunité, s'adonnaient à toutes leurs fantaisies. Ils avaient surnommé les bourgeois, victimes de l'ignorance, *cornificiens*; et ceux-ci, envieux des avantages des Etudiants, se vengeaient en les appelant *bœufs d'Abraham*, ou bien encore *ânes de Balaam*. Un écrivain de ce temps représente les Ecoliers comme se livrant plus à la gloutonnerie qu'à l'étude.

« Ils préfèrent quêter de l'argent plutôt que de chercher l'instruction » dans les livres; ils aiment mieux contempler les beautés des jeunes » filles que les beautés de Cicéron...; toute science est avilie; l'ins- » truction languit, on n'ouvre plus les livres. » L'abbé Lebœuf, au contraire, cite une lettre où les témoignages d'estime sont prodigués aux Etudiants de Paris qui, au dire d'un témoin, aiment mieux être dans les Ecoles que dans les foires, lire les livres que de vider les ver-

(1) Ordonnances du Louvre, tome Ier.

res, et qui préfèrent la science à l'argent. Il est probable que ces Ecoliers studieux étaient en petit nombre.

L'enseignement fut soumis à des règles fixes. Depuis longtemps l'ensemble des sciences avait été réduit à deux degrés : le *trivium* comprenant la grammaire, la rhétorique, la dialectique, et le *quadrivium* qui réunissait l'arithmétique, la géométrie, l'astronomie et la musique ; en tout, sept arts dits *libéraux* que Jean de Hauteville appelait *clergie* (science des clercs).

Celui qui, comme Abeilard, possédait le petit et le grand degré, passait pour le savant le plus consommé. Depuis les fameuses disputes du grand professeur avec saint Bernard et Gilbert de la Porée, toutes les intelligences s'appliquaient à la scolastique, c'est-à-dire à la théologie adaptée aux formules de la logique d'Aristote.

Vers 1215, l'université reçut ses premiers statuts des mains de Robert de Courçon, autrement dit le cardinal de Saint-Etienne, légat du saint-siége. Les quatre facultés commençaient à se distinguer parfaitement par leurs objets. Le *Livre des sentences* de Pierre Lombard, publié vers le milieu du douzième siècle, avait donné un corps à la théologie. Les Pandectes de Justinien, trouvées dans Amalphi en 1133, le décret de Gratien, publié en 1151, firent des jurisconsultes et des canonistes. Ce fut aussi vers la fin de ce siècle que la médecine empruntée des Arabes commença d'être enseignée ; enfin les livres de physique et de métaphysique d'Aristote, apportées de Constantinople à Paris, vers l'an 1167, occupèrent la faculté des arts ; et de la réunion de ces quatre branches principales se forma *l'université des Etudes* qu'on enseignait à tous (*Universa universis*). Toutefois, il ne faut pas s'exagérer l'importance de ces études. La dialectique servait à embrouiller les idées les plus simples et se bornait souvent à des subtilités de rhétorique. Le pape Gregoire IX, dans une bulle fulminante adressée aux théologiens de Paris, leur reprocha d'altérer la pureté de la foi par le mélange de la philosophie d'Aristote. L'arithmétique était l'art de calculer sur des *abaques* ou tablettes couvertes de poussière, avec des fiches ou jetons. La musique n'était que du plain-chant accompagné de quelques instrumens à cordes, tels que des harpes et des violons carrés. On y joignait des carillons de clochettes. Un manuscrit de Gautier du Metz à Sainte-Geneviève, représente le maître la tête nue et tonsurée comme celle d'un prêtre, assis et vêtu d'une robe blanche à capuchon bleu. Sa main est armée d'une poignée de verges et, levée, menace un groupe d'enfants tenant chacun un livre ; ces enfants sont nus depuis la tête jusqu'à la ceinture. Ce qui fait dire à l'abbé Lebœuf qu'on employait les mauvais traitements pour forcer les Ecoliers à étudier.

Il n'y avait aucune leçon de langues étrangères, ni d'histoire, ni de géographie. Seulement, on voyait sur de grandes peaux de mouton, préparées par les mégissiers et attachées aux murailles dans les Ecoles, des espèces d'arbres chronologiques grossièrement tracés. Un poëte du temps se plaint de la décadence des Ecoles de Paris et l'attribue aux évêques et au clergé, qui, au lieu d'encourager, de stimuler les Etudiants en leur donnant quelques bénéfices, préféraient en gratifier leurs parents et leurs amis, qui *deviennent*, ajoute-t-il, *chanoines avant de savoir lire.* De son côté, Jean de Hauteville fait une peinture incroyable de la misère des Ecoliers, et surtout de la brutalité des maîtres à l'égard des plus pauvres. — Robert de Courçon, chargé de réformer l'université, ne se contenta point des premiers réglements qu'elle s'était imposés à elle-même. Il établit que les leçons de théologie se donneraient hors des ponts ou de l'île Notre-Dame, comme dans l'île; que nul ne serait réputé Ecolier, s'il n'avait pas un maître fixe. Les longs festins et le luxe furent probibés. Enfin, le maître ès-arts enseignant devait porter une chape ronde, noire et tombant jusqu'aux talons; le manteau était permis, mais les souliers à becs recourbés étaient interdits. Tout, jusqu'à l'ordre des leçons et des thèses fut prévu. Quant aux professeurs des arts, grammaire et philosophie, ils ne pouvaient exercer qu'après avoir subi les examens approuvés par l'évêque et avec licence du chancelier de son église, ou *maître des Ecoles.* Ce fut l'origine des grades universitaires. La *licence* ne pouvait se refuser à celui qui avait été reçu bachelier, grade intermédiaire entre la qualité de maître et celle d'écolier.

§ III.

Nouvelles rixes entre les Écoliers et les bourgeois. — Suspension des cours. — Ligue des moines mendiants contre l'université.— Mœurs des Étudiants des diverses nations. — Emeute au *Pré-aux-Clercs.* — Les Étudiants, premier noyau de la centralisation. — Fondation de la Sorbonne et des colléges.

Les Ecoles étaient situées rue du Fouarre, ainsi nommée à cause de la paille ou *feurre*, sur laquelle les Ecoliers s'asseyaient pendant les leçons; car il leur était défendu, par une bulle, d'avoir des bancs hors des Ecoles. Ils logeaient chez des particuliers de la Montagne Sainte-Geneviève, reconnus par l'université sous le titre de *grands messagers*, chargés de communiquer avec les familles des Etudiants, tant dans l'intérieur de la France que dans les pays étrangers, et d'en rapporter tout ce dont ils avaient besoin. Ceux qui venaient prendre dans l'université de l'instruction et des grades payaient à leurs maîtres une taxe ou *bourse.*

Le pape Honoré III avait défendu d'excommunier l'université et ses membres, sans une permission expresse du saint-siége; et Innocent III avait donné pouvoir à l'abbé de Saint-Victor d'absoudre les Ecoliers des censures qu'ils encouraient en se battant entre eux, car on était excommunié pour avoir frappé un clerc. Il fallait donc les dispenser de l'obligation d'aller à Rome se faire relever de l'excommunication qu'ils s'attiraient mutuellement dans leurs querelles et leurs batailles à coups de poing, de pierre ou de bâton. Ces priviléges ne firent que multiplier les délits. En 1218, l'official de Paris défendit le port d'armes à tout clerc ou Écolier, sous peine d'excommunication. Tout le monde se plaignait de la conduite immorale des Écoliers, qui entraient à main armée chez les bourgeois et y enlevaient les femmes et les filles (1). Ces plaintes sont attestées par le cardinal Jacques de Vitry, qui ajoute que, dans une même maison, étaient au premier étage des Écoles, et en bas des lieux de débauche. Non-seulement les mœurs publiques, mais encore les règlements de police étaient violés par ces audacieux qui se croyaient tout permis à la faveur de leurs exemptions.

En 1223, dit un historien, il s'éleva, entre les habitants et les Écoliers, une querelle violente. *Trois cent vingt clercs* (ou Étudiants) *furent tués et jetés à la Seine.* Des professeurs se rendirent auprès du pape, pour se plaindre d'une persécution si cruelle; quelques-uns se retirèrent avec leurs Écoliers hors de la capitale....

L'université s'étant donné un sceau en 1225, le chapitre de Notre-Dame s'y opposa, et le légat cardinal de Saint-Ange le brisa. Aussitôt, les Écoliers s'armèrent et allèrent attaquer le légat dans sa maison, où ils l'auraient tué, sans le secours que le roi lui envoya pour le défendre. Le légat, en quittant Paris, lança son excommunication contre tous les Écoliers.

Au carnaval de 1229, une bande d'Écoliers se rend chez un cabaretier du bourg Saint-Marcel, alors hors des murs. Après avoir joué, bu et mangé, les jeunes gens engagent une querelle quand il s'agit de payer. Ils battent le cabaretier et sa femme. Les voisins arrivent à leur secours et mettent en fuite les Écoliers, dont plusieurs sont battus et même blessés. Mais, le lendemain, ils reviennent en plus grand nombre, forcent la maison, brisent les meubles, répandent le vin, puis, courant par les rues, frappent et blessent plusieurs des personnes qu'ils rencontrent. Le prévôt de Paris, averti, vient avec ses archers, quelques jours après le délit, pour arrêter les coupables, et, rencontrant des Écoliers qui jouaient paisiblement, il fait porter aux innocents la peine due aux coupables. Il fond sur eux avec ses soldats; les Écoliers résistent, plusieurs d'entre eux sont blessés; deux gentilshommes flamands sont tués, tandis que c'étaient des Picards qui avaient causé la scène du cabaret.

Les maîtres demandèrent réparation et ne l'obtinrent point. Alors les Écoles furent suspendues; professeurs et Écoliers sortirent de Paris et se dispersèrent en différentes villes : Reims, Toulouse, Montpellier, déjà célèbre par sa faculté de médecine, Orléans et Angers reçurent ces émigrants, qui y jetèrent les fondements de nouvelles universités.

La suspension des cours de Paris dura deux ans. Les dominicains et les franciscains s'offraient pour remplacer l'université, et elle eût été

(1) Halmagrand.

perdue si Grégoire IX n'eût écrit en sa faveur à la reine Blanche. Elle espéra dompter les réfractaires en faisant prêter serment aux Etudiants et professeurs, ainsi qu'aux bourgeois, de vivre en paix entre eux, et de *dénoncer secrètement* les fauteurs de désordres. Ce serment ne fut point tenu. L'université fut rétablie en 1231 ; mais comme les religieux mendiants qui s'étaient glissés dans son sein, ouvraient des Ecoles sans *licence*, cet abus fit jeter les hauts cris de part et d'autre, et engendra une lutte. Les moines tenaient bon et les Ecoliers perdirent patience.

1251 les revit aux prises avec les bourgeois.

Pendant le carême de 1252, quatre Ecoliers clercs et un laïque, leur serviteur, surpris sans doute en flagrant délit, furent, pendant la nuit, arrêtés dans les rues de Paris par les archers du prévôt. Ils furent dépouillés, battus et mis en prison : un d'eux y perdit la vie. Le lendemain on fit relâcher les prisonniers. L'université ne fut point satisfaite : elle demanda une plus ample réparation et fit fermer les Ecoles pendant sept semaines, jusqu'à ce qu'Alphonse, frère de Louis IX, eût fait condamner deux des coupables à la potence et les autres au bannissement.

Cette affaire fut suivie d'une autre plus grave, qui s'éleva entre les Ecoles et les jacobins. Le pape Alexandre IV s'en mêla, suspendit tous les membres de l'université de leurs fonctions et lança, en faveur des moines mendiants, plus de quarante bulles. Ceux-ci, non contents d'être soutenus par le Vatican, se liguèrent contre l'université et tentèrent de la renverser par la violence et la perfidie. Guillaume de Saint-Amour, esprit distingué, caractère inébranlable, soutint sa cause en face du pontife. Il démasqua l'hypocrisie des ordres mendiants dans un livre intitulé : *Périls des derniers temps*, qui fut condamné et brûlé par ordre du pape. En vain, on chercha à l'écraser sous les calomnies. Le pape lui-même écrivit à saint Louis de le bannir de son royaume. Le roi n'en fit rien et Guillaume tint bon. L'université, sous le coup de l'excommunication prononcée contre elle, n'en continua pas moins son enseignement. Le saint-père fut donc réduit à exiger par serment, de Guillaume, qui était à Rome, de ne pas retourner en France. Il obéit en se retirant à Saint-Amour; mais, après la mort du pape, il retourna à Paris, où il fut couvert d'applaudissements. Cette querelle avait duré huit ans, de 1252 à 1260 (1).

Un règlement que fit à Paris, au mois de décembre 1276, Simon de Brie, légat du saint-siége, porte que les Ecoliers, au lieu de célébrer les fêtes de l'Eglise par des exercices de piété, s'adonnaient aux excès du vin et à toutes sortes de dissolutions; qu'ils prenaient les armes, et couraient par troupes dans les rues de la ville pendant la nuit, troublaient le repos des habitans, et s'exposaient eux-mêmes à tous les dangers. Il

(1) Félibien, *Histoire de Paris*. — Dulaure, *id.*

ajoute qu'il se trouvait des Ecoliers qui poussaient l'impiété jusqu'à jouer aux dés sur les autels, en blasphémant le nom de Dieu (1).

Jacques de Vitry, qui avait été Ecolier lui-même, achève le tableau en peignant les mœurs des Etudiants de chaque nation qui abondaient à Paris : « Peu s'instruisent à cause de la diversité de leurs opinions et de leurs pays [illegible]essent de se quereller... Les *Anglais* sont ivrognes et poltrons[illegible] *[illegible]ançais*, fiers, mous et efféminés ; les *Allemands*, furibonds et [illegible]es dans leurs propos de table ; les *Normands*, vains et orgueilleux ; les *Poitevins*, traitres et avares ; les *Bourguignons*, des brutaux et des sots ; les *Bretons*, légers, inconstants ; les *Lombards*, avares, méchants et lâches ; les *Romains*, séditieux, violents, et se rongeant les mains de colère; les *Siciliens*, tyrans et cruels; les *Brabançons*, hommes de sang, incendiaires, routiers et voleurs ; quant aux *Flamands*, ils sont prodigues, aiment le luxe, la bonne chère et la débauche, et ont des mœurs très-relâchées. »

En 1278, les moines de l'abbaye de Saint-Germain-des-Prés firent bâtir des murs sur le chemin qui menait au *Pré aux Clercs*, et empiétèrent ainsi sur son terrain. Les Ecoliers trouvèrent que la construction de ces murailles rétrécissait leur chemin ordinaire et nuisait à leur promenade ; ils les démolirent. L'abbé, irrité, fait un jour sonner le tocsin et les domestiques de l'abbaye, ainsi que tous les habitants du bourg de Saint-Germain, s'assemblent, prennent les armes, et tombent sur les démolisseurs. L'abbé et les moines les excitait à la vengeance en criant : *tue* ! *tue* !—Ils chargent les Ecoliers à grands coups, en prennent plusieurs qu'ils conduisent dans les prisons de l'abbaye, et en blessent d'autres si grièvement que deux en moururent. Dès le lendemain, les Écoles furent fermées. Le roi, qui était alors Philippe le Hardi, en fut mécontent, car il savait que Paris n'était pas tranquille quand les Ecoliers ne s'occupaient pas de leurs études. Les maîtres recommencèrent donc leurs leçons pour lui obéir. Ils représentèrent qu'un si grand nombre d'Ecoliers, source de prospérité pour la ville, se retireraient bientôt chacun dans leur patrie, s'ils n'obtenaient protection contre l'injustice. Le roi sentit la justesse de ces raisons, et rendit un prompt jugement. Il condamna l'abbaye à fonder deux chapelles rentées pour le repos de l'âme des deux morts, et à dédommager leurs parents et l'université, par des sommes considérables. Le pape, de son côté, punit les moines coupables par l'exil et le jeûne au pain et à l'eau. Le prévôt, par ordre du roi, bannit quelques bourgeois qui avaient pris part avec eux à cette affaire contre les Ecoliers. L'évêque d'Evreux, Raoul d'Aubusson, ancien élève de l'université, voulut prévenir ces rixes sanglantes en achetant des religieux un espace de terrain pour le passage des Ecoliers. Il en fit don à l'université, afin qu'ils pussent

(1) Duboulay, *Histoire de l'Université*, t. 3.

éviter la rencontre des gens de l'abbaye. L'université le vendit ensuite à l'abbaye pour une rente annuelle de quatorze livres *parisis* au profit des pauvres Ecoliers, et sous la condition expresse de laisser aux Etudiants le passage libre et ouvert en tout temps (1).

Le nombre des jeunes gens qui suivaient les cours de la capitale était prodigieux. Pour qu'on puisse s'en créer une idée, il suffit de dire qu'un jour de procession du recteur, à laquelle les maîtres et les Ecoliers assistaient, la croix, en tête de l'université marchant sur deux files, entrait dans l'église de Saint-Denis, à deux lieues de Paris, pendant que le recteur attendait, dans l'église des Mathurins, à Paris, qu'il pût marcher quand ces flots d'Ecoliers seraient écoulés. On comprend combien il était difficile de retenir dans le devoir cette masse de jeunes hommes; et pour cela, l'université n'avait que des moyens impuissants, des corrections corporelles, la prison, le refus des grades qui faisaient monter aux bénéfices. Cela ne suffisait pas surtout contre la soif d'ambition et de bien-être, qui tourmentait ces pauvres Etudiants, incités par leur misère d'une part, éblouis de l'autre par la vie opulente et molle de plusieurs membres du clergé. Il y avait bien encore le tribunal du recteur, composé, sous sa présidence, des procureurs représentant chaque nation d'Ecoliers; mais que pouvait il de plus contre tous ces jeunes gens qui comprenaient combien leur existence à Paris était nécessaire a celle de leurs maîtres?... Car l'instruction n'était pas gratuite, quoique la rétribution en fût très-modique, individuellement, de la part des auditeurs. D'ailleurs, ces élèves, qui étaient presque tous des hommes faits, ne se laissaient pas gouverner aisément par ce tribunal. A ce propos, Vély nous apprend qu'en ce temps, on se faisait gloire d'être encore Ecolier à un âge où l'on eut honte plus tard de ne pas être docteur. De nos jours, un Etudiant de *dixième année* commence à paraître un objet de curiosité.

Il fallait pourtant opposer une digue à cette puissance chaque jour plus forte et plus envahissante, et agir selon le principe de saint Louis, qui, aimant mieux prévenir que punir, avait fait fermer le petit Châtelet, au bas de la rue du Petit-Pont, pour arrêter les Ecoliers et les empêcher de se répandre dans les autres quartiers de la capitale. Chaque jour les bandes d'Etudiants qui descendaient de toutes les parties de la Montagne pour se rendre aux quatre écoles de la faculté des arts, rue du Fouarre, causaient du trouble dans les rues où ils passaient; chaque jour, c'étaient des luttes avec les passants. Dans une de ces émeutes, le professeur Simon de Messemi fut tué par les bourgeois. Le roi Philippe le Bel condamna les meurtriers a mille livres d'amende, somme énorme en ce temps-là, qui vaudrait aujourd'hui vingt fois autant, et qui fut employée à la fondation de trois chapelles au Châtelet, pour le repos de l'âme du défunt.

(1) Halmagrand.

On songea bientôt à mettre un terme à ces excès, et, en même temps, à réfréner les mœurs, en enfermant les Écoliers dans de vastes maisons d'étude. Les Écoles particulières des cathédrales et des monastères furent abandonnées, et l'on vit s'élever partout à leur place des institutions nouvelles qui prirent le nom de *Colléges*. Déjà, en 1230, Robert Sorbon, chapelain de saint Louis, avait fondé, dans les rues Coupe-Gueule et des Deux-Portes, une maison, dans le but d'y mettre à l'abri du besoin et de la corruption, de jeunes clercs. Le roi avait voulu participer à cette fondation. Après avoir acheté le terrain, il la dota de plusieurs bourses ou pensions gratuites, chacune de cinq sols et demi par semaine, au profit de chaque pauvre Écolier; ce qui, à raison de 2 f. 91 c. (valeur du marc d'argent) équivalait à 7 fr. d'aujourd'hui, environ 580 fr. par an.

Cette fondation, appelée plus tard *Sorbonne*, s'honora d'abord du titre de *pauvre maison*, enseignée par de *pauvres maîtres*. Parmi les nombreux colléges qui s'élevaient, les plus célèbres, ou du moins ceux qui le devinrent, étaient le collége d'Harcourt, en 1291, et le collége de Navarre, établi en 1304, sous les auspices de l'épouse de Philippe le Bel, Jeanne de Navarre. Mézeray l'appelle *le berceau de la noblesse française et l'honneur de l'université de Paris*. Il ne faut pas assimiler ces colléges à ceux des dix-septième et dix huitième siècles, car ils ne se composaient que de quelques maîtres, dominant, enseignant, flagellant une poignée de pauvres Écoliers subsistant avec 3 ou 4 sols par semaine, souvent obligés de demander l'aumône ou de remplir des fonctions avilissantes dans les églises ou chez les particuliers.

§ IV.

Circonscription du pays-latin. — Inviolabilité des clercs. — Querelle pour le droit de pêche du Pré aux Clercs. — L'âne de Buridan. — Faculté des arts. — Intervention de l'université dans les questions religieuses. — Affaire de la procession de l'université. — Ses droits et priviléges. — La fête des fous.

L'enceinte du quartier de l'université de Paris, appelé PAYS LATIN, tracée par Philippe Auguste depuis 1190, comprenait toutes les maisons d'instruction publique. Elle commençait à l'endroit où nous voyons aujourd'hui le pont de la Tournelle et où était alors la porte de ce nom, passait derrière Sainte-Geneviève jusqu'à la porte Saint-Jacques, située entre les rues actuelles Saint-Hyacinthe et de l'Estrapade, puis descendant vers la Seine, elle se terminait au collége Mazarin ou des Quatre-Nations, aujourd'hui l'Institut. C'est à la place de cet édifice que l'on voyait autrefois la porte de Nesle et la fameuse tour où, prétend-on, Jeanne de Bourgogne attirait les Ecoliers pour assouvir avec eux sa passion et les faire jeter ensuite, cousus dans un sac, de la fenêtre de sa chambre dans la Seine.

Cette circonscription était, pour ainsi dire, inviolable, et son territoire sacré. Malheur à celui qui y poursuivait un Ecolier, même répréhensible! Les magistrats eux-mêmes auraient été mal avisés de s'en mêler, comme on va le voir.

En 1304, un clerc nommé Pierre le Barbier, convaincu d'assassinat, ayant été arrêté, jugé et pendu par les ordres du prévôt de Paris, cet acte de justice causa un soulèvement général dans l'université. Le recteur fit aussitôt cesser l'exercice des classes; l'official de Paris vit dans la punition de ce criminel ecclésiastique, un attentat contre ses droits, et, par une sentence du 7 septembre de cette année, il ordonna, sous peine d'excommunication, à tous les curés de Paris, archiprêtres, chanoines, etc., de se trouver le lendemain à l'église de Saint-Barthélemy. Là, tout le clergé réuni se met en marche, précédé, accompagné des croix, des bannières, des porteurs d'eau bénite : il se dirige vers la maison du prévôt, l'investit, fait pleuvoir sur les portes et sur les fenêtres une grêle de pierres, et profère ces paroles où la fureur le dispute au ridicule : « Retire-toi, retire-toi, maudit Satan, fais réparation » d'honneur à ta mère, la sainte Eglise, que tu as déshonorée et blessée dans ses priviléges; puisses-tu, si tu ne répares ton crime, être » englouti tout vivant dans la terre avec Dathan et Abiron! » Ces imprécations répétées furent suivies d'une formule d'excommunication lancée par l'official et le recteur. Le clergé de Paris demanda enfin la mort du prévôt. Le roi se vit obligé de négocier, et il fut convenu que le prévôt serait dépouillé de sa place; qu'il irait à pied à Avignon pour se faire absoudre de son excommunication; qu'il demanderait solennellement pardon à l'université; qu'il baiserait la bouche de l'Ecolier pendu; qu'il fonderait deux chapellenies à la nomination de ce corps privilégié, et lui payerait de fortes amendes. A ces conditions, l'université voulut bien consentir à laisser vivre le prévôt, et à reprendre ses cours. Les Ecoles furent rouvertes à la fête de la Toussaint (1).

Si la monarchie faisait à ce point le bon plaisir de l'université, il faut dire que celle-ci la payait bien de retour. Philippe le Bel, dans ses démêlés avec le saint-siége, devint l'auxiliaire de l'université, qui assista aux états généraux de Tours, assemblés en 1308, pour délibérer sur le sort des templiers. Dans ce siècle, elle se fit souveraine en matière religieuse, et osa marcher l'égale de la papauté qu'elle battait en brèche par la hardiesse de ses doctrines.

Un démêlé survint encore entre les Etudiants et l'abbé de Saint-Germain, à propos du droit de pêche dans le canal de petite Seine, qui s'étendait le long du Pré aux Clercs et qui abondait en poisson. Jusque-là les Ecoliers étaient venus y pêcher. L'abbé envoya des gens contre eux; ils résistèrent, et il s'ensuivit un combat sanglant. L'université porta plainte au pape, tandis que l'abbé demanda justice au roi. L'af-

(1) Dulaure.

faire resta vingt-sept ans pendante; enfin, en 1345, les deux parties s'accordèrent.

A cette époque, l'université avait pour recteur le fameux Buridan, qui échappa, dit-on, aux piéges de la reine Jeanne de Navarre, ce qui est assez peu vraisemblable, attendu qu'en comparant les époques où ils vivaient, Buridan était encore en nourrice à la mort de ladite reine Jeanne. Parlons plutôt de l'âne de ce recteur, qui passera jusqu'à la postéritéla plus reculée, et qui eut tant de retentissement dans les Écoles du quatorzième siècle. Dans ses leçons sur Aristote, Buridan, pour expliquer l'homme s'agitant entre le libre arbitre et l'impulsion qui semblait l'entraîner presque malgré lui vers ses destinées, se servit de la comparaison d'un âne placé à égale distance entre deux picotins d'avoine qui l'attiraient également. Le subtil philosophe demandait : « Que fera cet âne ? » Si on lui objectait : Il demeurera immobile : Donc, répliquait Buridan, il mourra de faim ayant de quoi manger, ce qui n'est pas naturel. Si on lui objectait que l'âne ne serait pas assez bête pour se laisser mourir de faim, pouvant manger : « Donc, disait le professeur, il a le libre arbitre pour se déterminer entre deux raisons déterminantes. » Buridan concluait au libre arbitre.

Cette charmante figure, passée en proverbe, s'est conservée jusqu'à nous dans toute sa naïveté. Du reste, les Écoles poussaient la comparaison jusqu'à l'absurde. On discutait gravement si le porc qu'on menait au marché y était traîné par la corde à laquelle il était attaché, ou par la main de l'homme qui tenait la corde.

La faculté des arts, qui comprenait les sept arts libéraux dont nous avons déjà parlé, et qu'on nommait *præclara artium facultas*, tenait ses Écoles dans la rue du Fouarre. L'université se plaignit, en 1358, au régent Charles V, que cette rue était chaque nuit encombrée d'immondices et d'ordures fétides apportées par des hommes malfaisants ; que, de plus, on enfonçait les portes de l'École pour y introduire des filles publiques, des femmes malpropres, qui y passaient la nuit, et souillaient de leurs excréments les lieux où se plaçaient les Écoliers, ainsi que la chaire du professeur. Sur cette plainte, le régent ordonna qu'il serait établi deux portes aux deux extrémités de la rue du Fouarre ou du *Feurre*, et que ces portes seraient fermées pendant la nuit (1). Cette précaution fut adoptée par les habitants de diverses rues, pour se garantir contre les Écoliers; d'où viennent les noms de *Deux-Portes*, *Trois-Portes*, etc., donnés à tant de rues.

Dans le grand schisme d'Occident qui éclate à cette époque, c'est l'université qui prononce sur les questions soulevées par les prétendants à la tiare ; c'est elle qui frappe et dégrade les papes. Un grand concile national s'étant réuni à cette occasion, le docteur Pierre-aux-Bœufs

(1) *Ordonnances du Louvre*, t. III.

conclut qu'il faut forcer les deux pontifes à abdiquer, pour que le conclave procède à une élection nouvelle ; s'ils refusent d'obtempérer aux décisions du concile, il soutient qu'on peut leur refuser obéissance et se former en Eglise nationale. Gerson, l'illustre chancelier de l'université, fut l'âme du concile de Constance, qui déposa le pape Jean XXII et élut le pape Martin V. Il se réfugia à Lyon pour éviter la vengeance du duc de Bourgogne, dont il avait désapprouvé l'apologie, essayée par le cordelier Jean Petit, qui le justifiait d'avoir assassiné le duc d'Orléans. Il fit même condamner ses doctrines par le concile. Il ne se tint pourtant pas jusqu'au bout à la hauteur de son caractère, car il poursuivit avec acharnement Jean Huss et Jérôme de Prague, qu'on brûla comme hérétiques, malgré le sauf-conduit de l'empereur Sigismond. La cour de Rome, dont il avait censuré les abus, laissa mourir, dans un état voisin de la misère, cet homme qui avait été une des illustrations de l'Eglise. Il avait montré le même zèle pour les Ecoles, au sujet d'une insulte qui leur avait été faite au mois de juillet 1404.

La procession de l'université se rendait à Sainte-Catherine de la Coulture, lorsque, passant dans la rue Saint-Antoine, elle fut assaillie par les sergents et les valets du seigneur de Savoisy, dont l'hôtel était en ce lieu. Ils foulèrent les Ecoliers aux pieds de leurs chevaux. Ces jeunes gens les ayant repoussés à coups de pierres, les agresseurs se sauvèrent dans l'hôtel d'où ils sortaient. Mais ils reparurent bientôt en plus grand nombre, tous armés, coururent à l'église, y entrèrent en tumulte, et se jetèrent sur les Ecoliers pendant la messe ; ils brisèrent tout, mirent les Ecoliers et les célébrants en fuite, et furent approuvés publiquement par leur maître. Savoisy était chambellan du roi ; riche et puissant, il méprisait souverainement cette troupe de clercs, qu'il croyait sans défense contre lui. Mais, dès le lendemain, l'université porta plainte au parlement par l'organe de Gerson. L'orateur exposa que la *fille des rois*, blessée dans ses enfants, se serait adressée à son père, s'il n'eût pas été malade ; mais, qu'à son défaut, elle avait recours au parlement, dépositaire et interprète de la justice royale. Après la guérison du roi, le parlement l'ayant consulté, le premier président déclara, par l'autorité royale, en plein conseil, que l'hôtel de Savoisy serait démoli, le seigneur condamné à cent livres de rentes pour la fondation de cinq chapelles, à mille livres d'amende envers les Écoliers blessés, et à pareille somme envers l'université. Encore n'en fût-il quitte à si bon marché que parce qu'il était clerc lui même, ayant été Écolier dans sa jeunesse. Trois de ses serviteurs coupables, qu'on put saisir, condamnés à faire amende honorable devant Sainte-Geneviève, Saint-Séverin et Sainte-Catherine, furent fouettés publiquement par la main du bourreau, et bannis. L'hôtel de Savoisy ne fut rebati que cent douze ans après, et encore avec la permission de l'université, qui fit graver sur une pierre des fondements la permission, le jugement et la sentence.

Le couvent et l'église des Mathurins étaient les lieux où l'université de Paris tenait ses assemblées et célébrait ses solennités religieuses. Dans le cloître, on voyait la tombe et les figures, gravées au trait sur la pierre de deux Écoliers, l'un nommé Léger Dumoussel, et l'autre Olivier Bourgeois, qui, ayant volé et assassiné des marchands sur un chemin, avaient été poursuivis, arrêtés et pendus par le prévôt de Paris. L'université se récria de toutes ses forces contre cette exécution, fit valoir ses *droits*, ses *privilèges*, menaça de fermer les Écoles de Paris, et parvint à faire condamner le prévôt de cette ville aux humiliations suivantes : il fut contraint de détacher lui-même du gibet les deux Écoliers pendus, de leur donner à chacun un baiser sur la bouche, de les faire conduire sur un char couvert d'un drap mortuaire, escorté de ses sergents et de ses archers, et suivi d'une procession de curés et de religieux, au parvis de Notre-Dame, pour les présenter à l'évêque, et de là dans l'église des Mathurins, où le cortége remit ces corps au recteur de l'université, qui, le 16 mai 1408, les fit inhumer honorablement.

Les Écoliers de l'université avaient comme les diacres et sous-diacres de Notre-Dame, leur *fête des fous*. Le 5 décembre, veille de la Saint-Nicolas, fête des garçons, les Écoliers élisaient entre eux un *évêque des fous*, et l'ayant revêtu d'ornements pontificaux, le menaient chez les recteurs. En 1365, ce cortége avait été rencontré à son retour par le guet. Cette rencontre avait produit de part et d'autre des injures et des coups. Les sergents, qui composaient ce guet, se voyant maltraités, tombèrent brutalement sur eux, les mirent en déroute, les poursuivirent jusqu'aux Écoles de la rue de la Bûcherie, en enfoncèrent les portes, firent prisonniers plusieurs Écoliers, et les traînèrent dans les prisons du Châtelet. L'université délibéra sur cet attentat à ses priviléges, poussa des cris de vengeance, et parvint, par ses vives réclamations, à faire arrêter les sergents du guet, qui furent condamnés à la prison, à faire amende honorable, à perdre leurs offices ; et les Écoliers, quoiqu'ils eussent commencé la rixe et attaqué les premiers les chevaliers du guet, restèrent impunis. — Cette fête des fous fut abolie dans le quinzième siècle, quand on réforma l'université.

§ V.

Rôle anti-national de l'université au quinzième siècle. — Réforme dans les mœurs. — Abolition du *lendit* d'hiver et du *lendit* d'été. — L'Université favorise les progrès de l'imprimerie. — Sa juridiction sur la librairie. — Sa sanction dans les traités de paix. — État des études médicales à cette époque. — L'Université prend parti pour le gallicanisme et s'oppose à la reforme de Luther. — Décadence de la Sorbonne. — Fondation du Collége de France, siége de la philosophie.

L'Université, qui avait défendu la couronne contre les envahissements du clergé, ne se gênait pas pour censurer les grands de l'État et le gouvernement lui-même dans ses actes. Monstrelet et Froissard racontent qu'elle adressa des remontrances à Charles VI, en 1412. Elle défendit avec les franciscains, contre les dominicains, la croyance en l'immaculée conception de la Vierge. Mais ce que nous voudrions pouvoir taire à jamais, c'est le triste rôle qu'elle joua dans les guerres civiles de Charles VI et de Charles VII. A la mort du premier, elle no rougit pas de proclamer les droits du duc de Bedfort et de Henri V d'Angleterre contre le dauphin de France! Elle alla jusqu'à provoquer la condamnation de la Pucelle d'Orléans! En vain Louis XI tenta d'obliger les Ecoliers de l'Université à prendre les armes pour la guerre du bien public, en 1464; il fut contraint d'y renoncer. La paix ayant été signée avec les Anglais cinq ans après, il n'eut plus sujet d'imposer sa volonté à cet égard. Quoiqu'il en soit, Louis XI, comme pour donner à l'Université une occasion de faire excuser son refus, lui commanda de recevoir honorablement la reine d'Angleterre, Marguerite d'Anjou, qui lui avait promis de lui faire rendre Calais, et qui venait le voir à Paris. L'Université ne se fit pas prier et attendit cette princesse près de la porte Saint-Jacques, avec le recteur à sa tête. Elle complimenta la reine par l'organe du grand-maître de Navarre, Guillaume de Châteaufort.

L'agitation générale qui avait suivi les croisades, les troubles civils et les invasions des Anglais avaient, pendant plus de deux siècles, paralysé les études. Une réforme était devenue indispensable; l'Université de Paris elle.même la provoquait. Elle fut entreprise en 1452 par le cardinal d'Estouteville, légat du saint siége, et par les commissaires du roi Charles VII. Le public et les mœurs gagnèrent surtout à l'abolition du *lendit* d'été et du *lendit* d'hiver, deux jours de promenades tumultueuses et de divertissements dans lesquels les Écoliers payaient les maîtres et allaient à Saint-Denis pour y faire leur provision de parchemin à la foire ouverte avec la permission et en présence du recteur, qui y prélevait un droit. — Ce mot *lendit*, formé de deux mots latins (*indictus dies*), fut francisé d'abord en celui de *indict*, et dans la suite appelé par corruption *lendit*. — La réforme statua que dorénavant les professeurs seraient payés, chaque mois, sans éclat et sans bruit. — Les pauvres étaient exempts de cette rétribution annuelle, qui ne montait qu'à cinq ou six écus par tête. L'usage du parchemin devenant moins nécessaire à mesure qu'on se servait davantage du papier, fabriqué en France depuis l'an 1355, les Ecoliers se procuraient l'un et l'autre à Paris sans avoir besoin de courir à Saint Denis en processions scandaleuses. Les meilleurs professeurs s'étant attachés aux divers colléges, dont on comptait alors jusqu'à dix-huit, les Écoles de la rue du Fouarre cessèrent d'être fréquentées. Le frère Maillard, dans ses sermons, tonnait contre la débauche des professeurs et des Écoliers. Il demandait aux premiers s'ils étaient payés pour dépenser leur argent avec des prostituées, et aux seconds si leurs parents les avaient envoyés à Paris pour faire les *gaudisseurs* et les *ribauds*. Il blâmait surtout les priviléges démesurés dont les uns et les autres jouissaient.

L'Université n'était pas seulement chargée de régler l'enseignement; elle étendait encore sa juridiction sur l'impression et le débit de tous les livres. C'était un privilége spécial que les rois lui avaient conféré de longue date : les libraires jouissaient de ses immunités et recevaient d'elle des règlements. Ils avaient le titre de libraires-jurés de l'Université; ils ne pouvaient sans son agrément s'établir hors du Pays Latin. C'est que l'université eut une grande part dans l'établissement de l'imprimerie et qu'elle favorisa les premiers progrès d'un art si étroitement lié à la propagation des lettres.

Pierre Schœffer, qui perfectionna cette découverte par la fonte des caractères, étudiait, comme il le dit lui-même, dans la *très-glorieuse* Université de Paris. C'est à lui qu'on doit le Psautier in-folio paru en 1457, le dremier de tous les livres imprimés qui porte une date certaine; et c'est par les soins de deux anciens recteurs, Guillaume Fichet et Jean de la Pierre, que les premières expériences de l'art se firent. En 1470, Fichet appela à Paris quelques-uns des inventeurs, que les troubles de Mayence avaient forcés à se disperser, et il les établit dans les bâtiments même de la Sorbonne, où ils imprimèrent plusieurs ouvrages.

Les souverains de l'Europe invitaient quelquefois l'Université de Paris à sanctionner leurs traités de paix. L'empereur Maximilien, dans celui qu'il conclut avec Louis XI, en 1483, exigea la garantie de l'Université. Le nombre de ses élèves était alors de 25,000, si l'on en croit les historiens du temps. Les guerres d'Italie, sous Charles VIII et sous Louis XII, mirent la France en contact avec un peuple dont l'intelligence était plus cultivée; et, sous ce rapport, nos études en profitèrent. Les priviléges de l'Université avaient été sanctionnés par les états-généraux de 1484, tenus à Tours; mais l'extension de l'autorité royale vint porter ombrage à ce corps, dont l'influence et le crédit avaient été jusque-là si puissants. Sous Louis XII, eut lieu le dernier exemple de la cessation des cours, moyen dont l'Université avait souvent usé pour faire redresser ses griefs.

La science de la médecine était encore très-peu avancée, bien qu'on l'enseignât, elle se bornait à l'empirisme et à des pratiques de charité souillées d'erreurs et de magie. En 1469, l'Université assemblée à Notre-Dame, décida, sur l'avis de Guillaume Basin, doyen de la Faculté, que, pour fournir un local propre à l'enseignement de la médecine, on achèterait une vieille maison appartenant aux Chartreux et située rue de la Bûcherie. La construction du bâtiment destiné à l'Ecole fut achevée en 1477. Au-dessus de la porte on lisait cette inscription en lettres gothiques : *Sholæ medicorum*. Les professeurs et les écoliers, suivant l'usage des peuples anciens, étaient ou devaient être prêtres : on les nommait *physiciens*, *mires*, quelquefois *médecins*. Et même, à la fin du douzième siècle, il était défendu de pratiquer la médecine, si l'on n'était religieux. Philippe le Bel ne permettait d'opérer qu'avec licence de son chirurgien Jean Pitard. Les chirurgiens étaient astreints à prêter serment au prévôt de Paris, ce qui les confondait avec les arts et métiers. Quelque temps après, l'Université, sur leur requête, consentit à les protéger contre les charlatans, à la condition qu'ils seraient réputés *vrais écoliers, et non autrement*; ils fréquentèrent les leçons des docteurs régents, et cependant ils ne firent jamais partie de l'Université. En 1474, les médecins de la rue de la Bûcherie représentèrent au roi Louis XI que plusieurs personnes attaquées de la maladie de la pierre périssaient sans guérir, et demandèrent à faire une opération expérimentale sur un archer de Meudon, affligé de cette maladie, et qui venait d'être condamné à mort pour ses crimes. Le roi y consentit; le condamné fut opéré si heureusement qu'au bout de quinze jours il recouvra la santé. A cette époque, surgissait une foule de procès entre les simples chirurgiens dits de *robe longue* et les barbiers chirurgiens dits de *robe courte*. La faculté de médecine passa avec ces derniers, en 1506, un contrat par lequel elle leur promettait aide, protection et enseignement, à la charge, par eux, de se tenir dans sa dépendance.

A l'avénement de François 1er, l'Université, qui soutenait les libertés de l'église gallicane, s'allie au parlement pour résister aux prétentions du souverain pontife. Le nouveau roi, voulant ménager le pape, transige avec cette résistance. La révolution religieuse du XVIe siècle cherche un point d'appui dans l'Université; elle sent que là est la force, ou du moins, la centralisation. Luther prend la faculté de théologie pour arbitre; mais elle condamne ses doctrines. Un autre réformateur, Calvin, avait été élève des colléges de l'Université; mais il est renié par sa mère. A dater de ce moment, la Sorbonne, centre de l'autorité spirituelle, perd de son ascendant sur les esprits. On devine qu'un élément nouveau est entré en lutte, et que si on oppose une négation au libre arbitre, le monde va cesser de marcher.

Entrons un instant dans cette redoutable Sorbonne où tant de pauvres clercs aspirent à cueillir la palme de l'infaillibilité. Qu'y voyons-nous? Hélas! un prétendant au bonnet de docteur—sans boire, sans manger, sans quitter la place, — soutient et repousse les attaques de vingt assaillants ou ergoteurs, qui se relayant de demi heure en demi heure, le harcèlent depuis six heures du matin jusqu'à sept heures du soir. Où sont les Gerson, les d'Ailly, les Clémangis qui brillaient dans les conciles, à Pise, à Constance, à Bâle?... Voici que l'Université, étourdie par ses propres disputes, oublie d'envoyer ses députés au concile de Trente, où vont s'agiter tant de hautes et ardentes controverses. Elle use son temps et ce qui lui reste de force à persécuter Ramus, noble intelligence qui cherche à s'affranchir du joug de la scolastique, et qui ose attaquer la philosophie péripatéticienne!

« L'habitude de s'escrimer en théologie n'a pas peu contribué à répandre dans la nation cette humeur querelleuse, qui, en retardant le règne de la vérité, a tant de fois troublé la tranquillité publique et engendré tant d'erreurs, pour l'extinction desquelles une politique barbare et maladroite s'est crue en droit de dresser des potences, de creuser des cachots, d'allumer des bûchers, et de faire de la nation la plus douce un peuple de cannibales (1).

Sur la demande du cardinal Du Bellay, François 1er, conseillé par Guillaume Parvi son prédicateur et par le célèbre Guillaume Budé, fonde le COLLÉGE DE FRANCE ou *Collége royal*, qui est devenu plus tard un des remparts de la philosophie. Il remplaçait le *Collége Cambrai* ou *Collége des Trois Evêques*. Il y fut d'abord institué deux chaires, une de grec et une de langue hébraïque. Erasme refusa d'y être professeur; mais il arriva successivement douze savants qui, portant la qualification de *lecteurs royaux*, devaient recevoir chacun deux cents écus d'or par an. Il est vrai qu'on oublia plus d'une fois de leur solder leurs honoraires, de sorte que la plupart de ces hommes d'élite végétaient dans la misère. La médecine était aussi enseignée au Collége de France. Charles IX créa dans la suite une chaire de chirurgie; Henri III, une chaire d'arabe, et Henri IV une seconde chaire de botanique et d'anatomie. François 1er ne fonda point de chaire de philosophie; ce n'est qui sous Henri II qu'on en voit une où professait le milanais Vicomercat, auquel succéda le célèbre et infortuné Ramus. Il fonda à ses frais une chaire de mathématiques; mais, comme nous l'avons dit plus haut, l'Université le persécuta. Elle fit brûler ses livres, parce qu'il avait écrit contre Aristote. Ses ennemis le firent assassiner pendant le massacre de la Saint-Barthélemy.

Les cours du Collége de France se tenaient dans les bâtiments de l'ancien Collége de Cambrai et de celui de Tréguier.

§ VI.

Emeutes cuntinuelles au Pré-aux-Clercs. — L'enseignement du *droit civil* commence à être toléré. — Réglement de Henri II contre les médecins. — Troubles dans l'Université. — Les Jésuites conspirent contre elle. — Rôle de la Sorbonne dans la Ligue. — Les Ecoliers prennent parti pour la ligue. — Décadences des Etudes.

Le Pré-aux-Clercs mériterait, à lui seul, plus que la guerre de Troie, qui dura dix ans; un poème épique, car le conflit qu'il provoqua s'éternisait depuis plusieurs siècles. Ecoliers et moines de Saint Germain en étaient encore à s'en disputer la propriété. Cette fois, l'affaire devint sérieuse. Les Ecoliers, furieux de ce que l'abbé et quelques particuliers avaient envahi diverses parties du Petit-Pré, y mirent de l'acharne-

(1) L'abbé Duvernet. *Histoire de la Sorbonne*, t. I, p. 45.

ment et résolurent de ne pas faire de trève, comme leurs aînés. Donc, le 4 juillet 1548, ils se portèrent en armes contre l'abbaye, l'assiégèrent, firent des brèches aux murailles du grand clos et des jardins, en brisèrent tous les arbres fruitiers, les treilles, etc.; ils dévastèrent, pendant la journée entière, la ferme de l'abbaye et même les maisons voisines; puis ils se retirèrent portant en triomphe des branches d'arbres. Les jours suivants, ils recommencèrent leurs dévastations, sans rencontrer d'autre obstacle que la défense des serviteurs de l'abbaye. Le parlement ordonne, le 9 juillet, qu'il sera fait des informations. En janvier 1549 et en mai 1550, les Etudiants recommencent les mêmes scènes au Pré-aux-Clercs; on les menace, mais on ne peut les contenir. Arrêts successifs du parlement, tantôt prohibant de porter bâtons, épées, pistolets, dagues ou poignards, sous peine de punition corporelle; tantôt défendant de s'attrouper, sous peine de hart et de pendaison, *sans figure de procès* (1). Les Ecoliers forment de nouveaux attroupements, et Pierre Séguier, lieutenant-criminel, est chargé de faire informer sur les dégâts commis au Pré-aux-Clercs. On fait au parlement, au mois de mars suivant (1555), de grandes plaintes contre les séditions de la jeunesse; on ajoute que ces attroupements sont tolérés par les juges. Le parlement, ne pouvant se faire obéir, interroge les Principaux des différents colléges, réclame la force armée dont le prévôt des marchands dispose, ordonne qu'il sera dressé une liste de tous les Ecoliers, et leur défend de loger dans les faubourgs. Toutes ces précautions deviennent inutiles : les Ecoliers envahissent encore une fois les quelques maisons rebâties par les moines de Saint-Germain; bien plus, ils jurent d'avoir raison à tout prix de ces derniers. Le 12 mai 1557, des placards invitent tous les Ecoliers à se rendre au Pré-aux-Clercs; là ils mettent le feu à trois maisons et tuent un sergent qui se présente pour les retenir. Le lendemain, le parlement appelle à sa barre le recteur de l'Université et l'interroge. Il répond par un long discours en latin. Le 20, nouvel attroupement, nouveaux dégâts; le parlement fait encore venir le recteur de l'Université, les Principaux des colléges de Bourgogne, du Mans, de la Marche, de la Justice. Le recteur, interrogé, répond qu'il a rassemblé l'Université et fait les remontrances nécessaires pour calmer l'émeute; qu'il ne sait plus que faire; qu'il n'est pas obéi; qu'il est même menacé. On lui demande pourquoi il a donné à quelques habitants du Pré-aux-Clercs des billets de sauvegarde sous le sceau de l'Université, et n'en avait point accordé aux autres; on lui reproche, en outre, d'avoir mis à prix ces billets. Il répond qu'un marchand drapier étant venu lui demander un moyen pour préserver sa maison de la démolition, il lui avait accordé un billet, ainsi qu'à d'autres, et qu'il avait refusé l'argent qu'on lui avait offert pour prix de ce service.

(1) Registres du parlement.

Le président annonce qu'il a écrit au roi pour lui demander une force armée et réprimer l'émeute ; il se plaint de ce que l'on méprise les arrêts du parlement ; de ce qu'on affiche aux carrefours des placards et des libelles très-séditieux ; qu'hier au soir des écoliers, en grand nombre, ont démoli et abattu la barrière des Sergents, située près de la Croix des Carmes, avec menaces de mettre le feu en plusieurs endroits ; qu'ils ont commis d'autres excès et maltraité des sergents. Enfin, le président ordonne au recteur, ainsi qu'aux quatre procureurs des nations écolières, de faire cesser l'émeute sous peine d'être poursuivis comme responsables ; de faire fermer les portes des colléges dès six heures du soir, et clore leurs fenêtres basses avec des plâtras ou des grilles de fer ; d'empêcher qu'on ne jette, des fenêtres hautes, des pierres, tuiles et autres choses qui puissent offenser les ministres de la justice. Galandius, Principal du collége de Boncourt, mandé au parlement, s'excuse en disant qu'il n'est pas maître de ses écoliers ; il les qualifie de *petit peuple* et d'*imperita multitudo*, et assure qu'ils lui veulent beaucoup de mal de ce qu'il n'autorise point leur insolence.

Le soir, le recteur de l'Université se présente encore au parlement : il a essayé d'assembler les principaux et régents des colléges. Quelques-uns se sont rendus à son invitation, d'autres s'y sont refusés ; il a signifié à ceux qui étaient présents l'ordonnance du matin ; ils ont refusé d'y obéir. Les Ecoliers du Plessis ont menacé de mettre le feu au collége de ce nom ; le principal s'en est évadé. Après cet exposé du recteur, le président lui commande d'assembler, le lendemain, l'Université aux Mathurins : le recteur répond qu'il est toujours sous le coup de la menace des Ecoliers et impuissant à les contenir ; qu'il voudrait bien n'avoir pas été nommé recteur, etc... (1) — Le 26 mai, arrive au parlement une lettre du roi datée de Villers-Cotterets, lettre menaçante, disant qu'il va faire avancer des troupes, dix enseignes de gens de pied et deux cents hommes d'armes, pour soumettre les Ecoliers et leurs complices ; enjoint au parlement de faire publier, dans tous les carrefours de Paris, que défenses sont faites aux Écoliers, régents et *martinets* (Écoliers externes), de quelque nation qu'ils soient, et autres, de se rendre au Pré-aux-Clers ; « lequel pré, porte cette lettre, de » notre pleine puissance, nous avons pris et mis, *prenons* et *mettons en* » *notre main, pour après en faire et disposer ainsi que bon nous sem-* » *blera.* » Il ordonne aux écoliers martinets de se mettre, dans six jours, en pension dans les colléges. Les Écoliers *séditieux et natifs des pays étrangers* contre lesquels la France est en guerre sortiront dans quinze jours du royaume, sinon, ils seront fait prisonniers. — Ceci tendrait à prouver que le roi (Henri II) soupçonnait ses ennemis extérieurs de fomenter ces troubles.

(1) Dulaure. *Histoire de Paris.*

Le lieutenant civil vint au parlement, et annonça que la veille au soir, escorté de vingt à vingt-cinq hommes, il avait procédé à la publication d'un arrêt contre les écoliers; qu'arrivé au carrefour de Saint-Côme, il fut forcé de s'arrêter, parce qu'on lui jeta quantité de pierres; qu'il put cependant pénétrer dans quelques colléges et y faire treize prisonniers. N'ayant qu'une faible escorte, et comme il était neuf heures du soir, il s'était retiré. Les archers de la ville étaient absents; le chevalier du guet, menacé par un certain comte de Caranean, avait refusé de se joindre à lui. — Un des échevins est mandé au parlement; il s'excuse en disant qu'il s'était équipé pour escorter le lieutenant civil, mais qu'il n'avait trouvé dans l'hôtel de ville qu'un très-petit nombre d'hommes armés. —Bientôt après, le roi ayant fait clore de murailles le Pré-aux-Clercs, fit mettre en liberté, les 31 mai et 12 juin, les Ecoliers prisonniers, mais laissa dans les prisons ceux de leurs complices qui n'étaient pas étudiants (1). — Il y eut un semblant de trève momentanée de la part des Ecoliers; mais ils ne tardèrent pas à tourner d'un autre côté leur turbulence. — Le 15 août suivant, ils sortirent en bandes par les portes Saint-Jacques et Saint-Michel, et ravagèrent pendant cinq jours les vignes voisines. Ils se retirèrent quand il n'y eut plus rien à marauder. En janvier 1558, ils revinrent attaquer des maisons du Pré-aux-Clercs. On eut beaucoup de peine à les empêcher de les démolir (2). — Si nous voulions relater ici les expéditions du même genre qui se succédèrent, plusieurs volumes n'y suffiraient pas.

Henri II, irrité de ces déportements, menaça de chasser les Ecoliers, s'ils ne se soumettaient, et réclama de l'Université une réforme qui, cette fois, s'effectua sans le concours de la puissance pontificale. — Concession qui parut énorme! Le *droit civil* put être lu avec le droit canonique dans l'université de Paris; quoique les autres universités, d'après le refus des Etats de Blois, s'y fussent opposées. Néanmoins, cette addition à l'enseignement public eut lieu sous toutes réserves, et le droit civil ne put être expliqué sans obstacle à Paris qu'au moins un siècle après.

On attribue au roi Henri II un règlement fort étrange contre les médecins. Voici l'article le plus curieux de ce règlement: « Que, sur les » plaintes des héritiers des personnes décédées par la faute des méde- » cins, il en sera informé et rendu justice comme de tous autres homici- » des: et *seront les médecins mercenaires tenus de goûter les excréments* » *de leurs patients* et leur impartir toute autre sollicitude; autrement » seront réputés avoir été cause de leur mort et décès. » Nous ferons observer que la partie est sans doute prise ici pour le tout, attendu qu'à cette époque les médecins prononçaient sur l'état de leurs malades d'après l'examen des urines.—Plus tard, Michel Aubourg, recteur, repré-

(1) Registres du Parlement.

(2) Félibien. *Histoire de Paris*, tom. II. page 1038.

senta à l'Université qu'il était nécessaire de demander à tous ses membres compte de leur foi, afin que les membres qui se seraient laissés séduire par des principes anti-religieux, fussent rappelés au vrai culte ou punis. La Faculté de Médecine, respectant la conscience, s'y opposa en ce qui la regardait, pensant que son doyen lui suffisait et qu'elle ne devait point souffrir que les théologiens se mêlassent des affaires des médecins.

De nouveaux troubles éclatent dans l'Université à l'occasion d'un soufflet donné par un marchand bonnetier à un écolier. Sept à huit mille étudiants prennent parti pour lui ; et pendant plus de quinze jours, des rixes s'engagent entre eux et les garçons de boutique. Le parlement fait arrêter et *pendre* les plus coupables. L'Université a beau réclamer ses priviléges; Henri II approuve la conduite du parlement et menace d'envoyer des troupes pour mettre l'Université à la raison. Elle eut ordre d'interrompre ses leçons et de fermer ses classes, *ce qu'elle fit sans oser murmurer* (1). On voit que l'autorité royale, qui avait si souvent plié devant le corps universitaire, commençait à devenir toute-puissante par la force de concentration que les Ecoles elles-mêmes avaient donnée à Paris, siége de la monarchie.

Cette même année, la Sorbonne lance un décret contre les Jésuites, dont l'ordre récemment établi, cherchait à supplanter l'Université en créant un enseignement gratuit. En 1561, une assemblée de prélats leur avait permis de se former en société, mais en leur défendant « *d'entreprendre aucune chose au préjudice des universités.* » Mais ils étaient forts de la protection des Guise, et particulièrement du cardinal de Lorraine. L'Université se réveilla pour les repousser avec ardeur. L'avocat Pasquier plaida vigoureusement sa cause, et celle des jésuites fut perdue près du parlement, qui différa d'enregistrer les lettres patentes du roi Henri II, qui leur accordait la permission d'ouvrir leur collége à Paris. Cet état provisoire dura quelque temps ; ils ne furent pas incorporés à l'Université, mais il leur fut permis de continuer leur enseignement public, mais ils n'en fondèrent pas moins, en 1564, leur *Collége de Clermont*, rue Saint-Jacques (2).

Les pères de la foi, surnommés les *Pères de la ruse*, ne tardèrent pas à retourner les bienfaits contre les bienfaiteurs dans la guerre religieuse qui remplit la seconde moitié du XVIe siècle. Henri III venait de leur donner dix à douze arpents de coupes de bois dans la forêt de Montargis; enhardis par ces faveurs, ils n'en conspirèrent que plus à leur aise contre le roi. Leur maison fut mise à la disposition des chefs des ligueurs appelés *les Seize*. Laissons parler sur leurs intrigues l'his-

(1) *Dictionnaire féodal.*

(2) Voir, pour les détails, le curieux ouvrage de MM. Michelet et Quinet, intitulé : *les Jésuites*, et celui de M. Genin, *les Jésuites et l'enseignement.*

torien de Thou : « Outre leur collége de la rue Saint-Jacques, ils venaient encore de s'établir tout récemment dans la rue Saint-Antoine, par les libéralités du cardinal de Bourbon ; et, par une méthode toute nouvelle qu'ils avaient imaginée, méthode jusqu'alors inconnue à l'église de France, ils étaient venus à bout, en interrogeant leurs pénitents, de les éloigner de leurs paroisses, d'attirer à eux tout le peuple et de fouiller dans les secrets des familles (1). »

La Sorbonne joua dans la Ligue un des rôles les plus actifs ; l'organisation partait de chez elle et du collége de Forter ; et ces établissements furent réputés le *berceau de la ligue*. Un de ses membres, Crucé, procureur au Châtelet, se chargea, pour sa part, d'entraîner une grande partie des professeurs et des Écoliers de l'université. Henri III réunit les prédicateurs les plus fougueux pour les réprimander et se plaignit d'un décret rendu contre lui par la Sorbonne. « Belle résolution, leur » dit-il, à laquelle j'ai été prié de ne point avoir égard, *pour ce qu'elle avait été faite après déjeuner*. » L'Estoile se moque, en effet, dans son journal, de ce décret rendu « par trente ou quarante pédants, maîtres » ez-arts, crottés, qui, après *grâces*, traitent des sceptres et des cou» ronnes. »

Le 12 mai 1588, Crucé fait crier, dès quatre heures du matin, dans le quartier de l'Université : *Alarme*! *alarme*! et le duc de Brissac, entouré d'une troupe d'écoliers, de mariniers et d'artisans armés, établit la première barricade sur la place Maubert. Cet exemple est suivi partout. Le lendemain, le bruit court que les prédicateurs qui exaltaient la fureur du peuple, font armer sept à huit cents écoliers, pour aller enlever du Louvre *frère Henri de Valois*. Le roi s'enfuit à Saint-Cloud.

L'année suivante, le conseil des Seize propose à la Sorbonne la question de savoir si les Français avaient le droit de faire la guerre au roi pour la défense de la religion catholique ; et la faculté de théologie, « c'est-à-dire, selon l'Estoile, huit ou dix soupiers et marmitons, comme porte-enseigne et trompettes de sédition, déclarèrent tous les sujets du royaume absous du serment de fidélité et obéissance qu'ils avaient juré à Henri de Valois, naguère leur roi ; rayèrent son nom des prières de l'Eglise, en composèrent d'autres pour les princes catholiques, et firent entendre qu'on pouvait, en conscience, prendre les armes contre ce tyran exécrable. » Après l'égorgement des Guise aux états de Blois, la Sorbonne délia les peuples du serment de fidélité.

Cet assassinat devint funeste à Henri III, qui bientôt tomba lui-même sous le poignard de Jacques Clément. La Sorbonne poussa dès-lors son zèle jusqu'au fanatisme. Elle soutint qu'il était permis aux sujets de se révolter contre leur roi hérétique, de désobéir aux magistrats et de les *pendre; qu'il n'était pas en la puissance du pape d'absoudre le*

(1) *Historia Thuani*, lib. 86.

roi ; enfin, qu'il est permis *aux sujets d'assassiner leur souverain* (1). En conséquence, Henri IV fut déclaré indigne du trône et inhabile à succéder.

Les études durent nécessairement souffrir de ces troubles. La *satire ménippée* atteste à quel point les Ecoles avaient dégénéré. Pendant le siége de Paris, d'horrible mémoire, l'Université fut convertie en désert, ou devint la retraite des paysans; les classes des colléges servirent d'étables à bestiaux. Les Ecoliers obtinrent des passeports d'Henri IV pendant la trêve des dix jours; et lorsqu'il rentra dans Paris, l'Université se réconcilia avec lui. Le roi reconnut l'attachement particulier du collége de France à sa cause. La ligue avait fait des écuries de ses bâtiments. Henri reçut les professeurs avec bonté, les rétablit et leur fit payer les arrérages de leurs pensions. « Je veux, dit-il, qu'on retranche tous les jours un plat de ma table et que mes lecteurs soient payés. » Il se proposait de faire reconstruire ce collége, mais il ne vécut pas assez longtemps.

Il avait pardonné à l'Université sa complicité dans la Ligue et s'était contenté de bannir quelques-uns de ses membres. Cependant il régnait encore un esprit de rébellion dans « ce séminaire, dit Pasquier, duquel » on prenait ceux qui sont appelés aux gouvernements, magistratures et autres charges publiques. »

L'Université reprit alors ses poursuites contre les jésuites, et Antoine Arnauld fut son organe auprès du parlement : l'attentat de Châtel, leur élève, décida leur expulsion comme *corrupteurs de la jeunesse, perturbateurs du public, ennemis du roi et de l'Etat*. Ils furent néanmoins rétablis quelques années après, et Henri IV fut assassiné par Ravaillac. Sous la régence de Marie de Médicis, ils reprirent possession de leur collége de Paris, et firent concurrence à l'Université, jusqu'à leur expulsion sous le ministère Choiseul.

§ VII.

Ecoles depuis la période moderne jusqu'à la Révolution.

A mesure qu'on s'éloigne du moyen âge, le caractère des Ecoliers perd de son originalité. Pourtant, on les retrouve toujours aussi turbulents. Ainsi, à la foire de Saint-Germain de 1609, on les voit, après s'être livrés à toutes sortes de débauches, lutter en petites batailles rangées avec les pages, les laquais et les soldats des gardes. L'Estoile raconte « qu'un laquais coupa les deux oreilles à un Ecolier et les lui mit dans sa pochette, dont les Ecoliers mutinés, se ruant sur tous les laquais qu'ils rencontraient, en tuèrent et blessèrent beaucoup. » Les Etudiants sous Louis XIII, sont « plus débauchés que jamais, portant armes, pillant,

(1) *Démonologie de Sorbonne nouvelle.*

tuant, paillardant, et faisant plusieurs autres méchancetés ; les maîtres desquels négligent d'y mettre ordre, et ainsi, dérobent l'argent de leurs parents en débauches, saletés, et quelquefois emportent l'argent de leurs maîtres, en changeant tous les mois de nouveaux... (1) »

Le même auteur, parlant des désordres que fit naître la solennité de la canonisation de sainte Thérèse, dit : « Si on eût allumé le feu à huit heures, on n'y eût pas perdu tant de manteaux; tous les Ecoliers étaient en armes. » — Un arrêt du parlement, du 23 juin 1620, fait défense aux Ecoliers de s'attrouper et de porter des armes.

Voici un tableau fort curieux des mœurs de la jeunesse de ce temps : « Il n'y a ni fils, ni petit-fils de procureur, notaire ou avocat qui ne veuille s'égaler avec les enfants des conseillers, maîtres des comptes, maîtres des requêtes, présidents et autres grands officiers. L'on ne peut les distinguer ni en habits ni en dépenses superflues. Ils hantent les banquets à deux pistoles par tête ; ils empruntent argent, jouent aux dez, au piquet, à la paume, à la boule, vont à la chasse, et font le même exercice des grands. Ils empruntent à usure de Traversier, de Dobillon et de l'Italien Jacomeny, qui sont les recelleurs de la jeunesse; et puis, qu'en advient-il enfin? Ils sont contraints de faire l'amour à la vieille, ou d'enjoler la fille d'une bonne maison, lui faire un enfant par avance, afin d'être condamnés à l'épouser... On ne voit que bâtards, que filles débauchées ; et toutes les autres qui sont honnêtes demeurent en friche, et n'ont pour toute retraite que la religion. » Le même censeur se récrie surtout contre les dévotions ou pèlerinages que les jeunes gens des deux sexes sont en usage de faire à Notre-Dame-des-Vertus et à d'autres églises des environs de Paris : « Ils n'y vont que pour grenouiller (boire avec excès), gourmander, rire avec les filles, et autres insolences... vont s'ébattre pendant les vêpres... ne sont pas à jeun, se couchent dans les blés, gâtent, extravaguent tout, y folâtrent et y font ce que plusieurs enfants de Satan y font en commettant beaucoup de malices. » — « A la vérité, reprend un écrivain qui cherche à adoucir ce tableau, pour les Ecoliers, on en dit peut-être plus qu'il n'y en a : c'est quelquefois plus de jeunesse que de malice, et plutôt pour égayer leurs esprits que par méchanceté. (2). »

Au dix-septième siècle, l'Université perd toute son importance politique, bien que les Étudiants assistent les ennemis des protestants dans leurs projets de les détruire. Elle n'envoie pas même de députés aux états généraux de 1614. Richelieu d'abord, Louis XIV ensuite, absorbent à eux seuls toute la puissance. La Sorbonne conserve encore, il est vrai, une ombre de souveraineté en matière religieuse ; mais après les querelles du jansénisme, elle s'épuise en vains anathèmes contre la

(1) *Caquets de l'accouchée*, rapportés par Dulaure.

(2) *La pourmenade du Pré-aux-Clercs*, 1622.

philosophie du dix-huitième siècle. Quant à l'Université proprement dite, Crévier, son historien, et le célèbre Rollin, voilà à peu près les seules illustrations par lesquelles elle a marqué avant d'être abolie.

Des faits passons maintenant aux grandes Écoles que nous a léguées cette dernière période.

Sous Louis XIII, les jésuites avaient pu enseigner librement la jeunesse et rouvrir leur collége de Clermont. Louis XIV les combla de ses faveurs. Cependant, ayant été invité, en 1674, à assister à la représentation d'une pièce pleine de flatteries à son adresse, il dit à un seigneur qui lui parlait du succès de cet ouvrage : « Faut il s'en étonner? c'est mon collége! »

Le recteur prit à la lettre ces paroles royales, et pour se mettre dans les bonnes grâces du monarque, il eut l'idée de faire enlever nuitamment l'inscription placée au-dessus de la porte du collége (*Collegium Claromontanum societatis Jesu*) pour la remplacer par celle-ci : « *Collegium Ludovici Magni* (Collége de Louis le Grand). » Ce trait de basse adulation fut dignement flétri dans un distique latin dont voici le sens en vers français :

> La croix fait place aux lis, et Jésus-Christ au roi ;
> Louis, ô race impie, est le seul Dieu chez toi.

L'auteur de cette satire était un élève de ce collége, âgé d'environ 16 ans. Il fut jeté à la Bastille, puis à la citadelle de l'île Sainte-Marguerite, ensuite réintégré à la Bastille. Il resta trente et un ans prisonnier ! (1). Telle fut la magnanime vengeance d'un roi surnommé le Grand !

A l'expulsion des jésuites, en 1763, le collége de Lisieux fut transféré dans celui de Louis le Grand, et l'Université y tint ses assemblées. Organisé sous une forme nouvelle en 1792, il reçut le nom de *Collége de l'Egalité*; en 1800, celui de *Prytanée*; en 1802, celui de *Lycée impérial*. On lui rendit, en 1814, le nom des *Jésuites*; en 1830, il reprit celui de *Louis le Grand*; en 1848, enfin, la république l'a baptisé du nom de *Lycée Descartes*.

Nous avons dû ne nous occuper que de ce collége, à cause de son origine, et parce que vingt autres colléges de *moyen* exercice lui furent incorporés. On entendait par collége de *plein* exercice ceux qui comprenaient depuis les basses classes jusqu'à la philosophie.

Le collége du Plessis avait été réuni à la Sorbonne, appelée Collége du Plessis-Sorbonne. Ses bâtiments tombaient en vétusté. Richelieu les fit reconstruire sur un vaste plan, et fit placer dans la chapelle le tombeau qui devait le recevoir.

« La Sorbonne, dit Mercier, doute elle-même de sa théologie, et con-

(1) Dulaure.

naît très-bien le vide et le ridicule de ses thèses et de ses censures. Elle hasarde de dire que Moïse était meilleur naturaliste que Buffon ; mais elle n'en croit rien. La théologie a tout gâté dans le monde : elle a redoublé les terreurs de l'homme, au lieu de les calmer ; elle l'a rendu superstitieux, au lieu de le rendre heureux. La Sorbonne a dû briller dans les siècles de ténèbres, parce qu'elle avait alors des connaissances fort au-dessus du commun des hommes, mais elle a défiguré toutes les sciences en voulant les asservir à ses décisions.... Et ses travaux bizarres ont enfanté les contradictions les plus étonnantes.... Comme ce sont des places lucratives, les documents de toutes couleurs, les thèses et les discours iront leur train. Si tant de gens se font tuer pour quelque argent, faut-il s'étonner que d'autres déraisonnent sciemment à un plus haut prix ? Tout ce qu'il y a de remarquable à cette heure en Sorbonne, c'est le mausolée du cardinal de Richelieu, qui forma la Sorbonne et l'Académie française, deux corps qui pensent de même et qui se combattent, le tout pour fixer les regards et pour exister » (1).

L'académie de Paris et les trois facultés de théologie, des sciences et des lettres, occupent aujourd'hui la Sorbonne.

Richelieu fonda aussi le jardin des plantes, sur les instances de Labrosse, médecin du roi.

Le fameux *Pré-aux-Clercs* qui, depuis 1215, était un rendez-vous de galanterie, de duels, de débauches et de séditions, fut envahi, sous Louis XIV, par les maisons qui se bâtissaient sur son emplacement.

Ce fut seulement en 1679 que le droit civil pût être enseigné sans obstacle. Louis XIV ordonna par un édit le rétablissement de la chaire de droit romain qu'on avait tolérée temporairement, comme on l'a vu plus haut, au seizième siècle. La plus ancienne École de droit se trouvait rue Saint-Jean-de-Beauvais ; ce local devint insuffisant. Sous Louis XV, on construisit, d'après les dessins de Soufflot, l'édifice que nous voyons aujourd'hui, de manière à ce qu'il encadrât, du côté de la place, l'église Sainte-Geneviève, depuis, le Panthéon. Avant la révolution, la faculté de droit se composait de six professeurs en droit civil et canon, d'un professeur en droit français et de douze agrégés. Toutes les facultés de droit, en France, languissaient alors dans l'état le plus déplorable.

« Les docteurs en droit, pour être reçus, font assaut public d'arguments. Celui qui a le plus de mémoire démonte son adversaire et l'emporte. C'est un tour de force incroyable que de loger dans sa tête cet absurde et indigeste amas de lois, de gloses, de commentaires. Une tête bien organisée en sauterait. Celle d'un docteur admet ce chaos que l'on nomme *droit civil* et *droit canon*, le Code, le Digeste, les lois romaines, toute la friperie enfin des siècles effacés, et qui ne convient

(1) *Tableau de Paris*, 1783. T. I, p. 153.

plus du tout à notre taille. Là, celui qui veut acheter une charge, va prendre le grade d'avocat et fait semblant d'étudier le droit. On ne voit les professeurs que les jours où l'on porte l'argent des matricules. Les docteurs en droit se font un revenu honnête des prétendants aux charges de judicature. S'ils usaient de trop de sévérité, leurs marmites seraient à sec. Les arguments qu'on fait subir sont pour la forme; les arguments sont communiqués, et il ne faut guère plus de science, a dit le marquis d'Argens, pour être conseiller au parlement que pour être fermier général... « Votre fils, disait quelqu'un, fait son droit; mais y » songez-vous? il n'a pas les qualités requises pour le barreau. — Mais » j'en fais un conseiller, » reprit le père (1).

Pendant la révolution, les Écoles de droit furent suspendues. Cependant deux Écoles particulières s'établirent : l'une, rue de Vendôme; l'autre, dans les bâtiments du collége d'Harcourt, rue de La Harpe. La première portait le titre d'*Académie de législation;* la seconde, celui d'*Université de jurisprudence.* Un décret du 15 mars 1804 réorganisa l'École de droit; il régla les matières qui y seraient enseignées, les cours d'études, les examens et les degrés, etc. Dès lors, tout changea de face. Les élèves furent astreints à suivre les cours pendant trois années, à subir quatre examens et à soutenir un acte public. L'édifice de l'École de droit étant devenu insuffisant, une seconde section fut établie dans l'église de Sorbonne. Depuis, les chaires ont été multipliées dans l'École; et l'on verra, dans le cours de cette histoire, comment fut installée, en 1834, la chaire de *droit constitutionnel.*

Chacun a pu remarquer comme nous, au fronton de ce monument, que les mots : *Liberté, Egalité, Fraternité*, gravés sous la première république, paraissaient encore malgré l'épaisse couche de badigeon dont on avait essayé de les couvrir, et cela au-dessus de l'inscription : ÉCOLE DE DROIT. Singulier rapprochement dû au hasard, et qui nous enseignait, même sous la royauté, que la devise révolutionnaire est toute une école de droit.

Le collége de France, commencé sous Henri IV et achevé sous Louis XV, a été reconstruit en grande partie depuis 1830, d'après les dessins et sous la direction de M. Letarouilly, architecte. Il comptait avant 89 vingt et un cours; aujourd'hui trente professeurs y dirigent le haut enseignement.

L'édifice où se trouve actuellement l'Ecole de médecine et de chirurgie fut construit pour l'Académie de chirurgie qui l'occupa jusqu'à l'organisation nouvelle qui a substitué au collége de chirurgie l'*école de santé*, sous la grande révolution, et enfin, la faculté de médecine telle qu'elle est constituée aujourd'hui. Louis XVI, posa en 1774, la première pierre de ce monument élevé sur l'emplacement de l'ancien collége de Bourgogne et du couvent des cordeliers. L'Ecole de médecine

(1) Mercier, t. II, p. 18.

est desservie par vingt-six professeurs qui font des cours sur les diverses parties des sciences médicales. Les amphithéâtres de dissection sont, l'un à Clamart, l'autre à l'Ecole pratique, près du musée Dupuytren, dans l'ancien réfectoire du couvent des cordeliers.

L'Ecole de pharmacie, l'Ecole des beaux-arts et l'Ecole normale, dont on connaît la destination, et qui sont d'origine récente, se partagent encore les spécialités professionnelles de la jeunesse studieuse.

La république vient d'instituer l'Ecole d'administration, dont la création était urgente; composée d'Elèves pleins de patriotisme et nourris de fortes études, elle est une pépinière de fonctionnaires distingués.

Nous ne passerons certes pas sous silence l'Ecole polytechnique dont l'histoire va naturellement se placer sous notre plume dans le récit de l'époque révolutionnaire à laquelle nous sommes arrivés.

L'Université, sous le rectorat de Delneuf, reçut, le 22 mars 1792, par le département, un décret de l'assemblée nationale, qui suspendait toute nomination de recteur, et en confiait provisoirement les fonctions au professeur Binet, jusqu'à la prochaine organisation de l'instruction publique. Pour se conformer à ce décret, les places vacantes des professeurs qui avaient été destitués furent remplies par des agrégés qui se soumirent aux serments qu'il exigeait (1). Enfin l'Université, après sa dernière distribution de prix, le 24 août, s'éteignit avec l'autorité royale, et l'instruction publique fut réorganisée sur un nouveau plan. Les facultés furent supprimées à titre de *corporations*, et remplacées les unes par les *Ecoles centrales*, les autres par les facultés de droit et de médecine.

De toutes les Universités de l'Europe, celle de Paris était incontestablement la plus célèbre; elle était regardée comme l'un des premiers et des plus illustres corps du royaume. Les rois la nommaient *leur fille aînée*, et ce titre donnait au recteur des prétentions et des prérogatives dans les cérémonies publiques; il prétendait avoir le pas après les princes du sang. Aux funérailles des princes, il marchait à côté de l'archevêque de Paris; son habit de cérémonie était une soutane violette, une ceinture de la même couleur avec des glands d'or, une épitoge fourrée d'hermine, et une escarcelle ou bourse à l'antique.

Outre l'Université de *Paris*, on comptait en France vingt-deux autres Universités:

1° Celle d'*Aix*, fondée par le pape Alexandre, en 1409, et rétablie par Henri IV en 1603;

2° Celle d'*Angers*, fondée en 1364 par Charles V, renommée pour la théologie;

3° Celle de *Dôle*, fondée par Philippe le Bon, duc de Bourgogne, en 1426, et tranférée à Besançon par Louis XIV en 1691;

(1) Halmagrand, p. 247.

4° Celle de *Bordeaux*, érigée en 1473, par Louis XI;

5° Celle de *Bourges*, en 1465, célèbre par l'étude du droit au temps de Cujas;

6° Celle de *Caen*, fondée par Charles VII, en 1452, sous le règne de Henri VI, roi d'Angleterre;

7° Celle de *Dijon*, fondée en 1722;

8° Celle de *Douai*, établie en 1562, par Philippe II, roi d'Espagne;

9° Celle de *Montpellier*, en 1289, par le pape Nicolas IV, confirmée par François 1er en 1537, la plus célèbre de toutes pour l'étude de la médecine;

10° Celle de *Nantes*, fondée par le pape Pie II, à la prière de François II, vers l'an 1460;

11° Celle de *Nancy*, établie en 1769;

12° Celle d'*Orléans*, érigée en 1305, par le pape Clément V, et confirmée par le roi Philippe le Bel en 1312;

13° Celle de *Pau*, en Béarn, instituée en 1722;

14° Celle de *Perpignan*, fondée en 1349 par Pierre d'Aragon;

15° Celle de *Poitiers*, fondée par le pape Eugène IV et Charles VII en 1431, fameuse par l'étude du droit;

16° Celle de *Reims*, érigée en 1548 par Charles, cardinal de Lorraine;

17° Celle de *Strasbourg*, établie en 1538;

18° Celle de *Toulouse*, en 1225, par saint Louis, et confirmée par une bulle du pape Grégoire IX, renommée dans tous les temps pour l'étude du droit;

19° Celle de *Grenoble*, fondée par le dauphin Humbert II, et transférée à Valence par Louis XI, en 1454;

20° Celle de *Cahors*, fondée par le pape Jean XXII, sous le règne de Philippe de Valois;

21° Celle de *Besançon*, fondée par Ferdinand, empereur d'Allemagne, en 1564;

22° Celle de *Tournon*, fondée en 1560 par le cardinal de ce nom (1),

§ VIII.

Aperçu général sur l'influence des Ecoles dans la civilisation et sur le rôle centralisateur et progressif des Étudiants.

On a vu que les Ecoles en attirant une foule considérable de jeunes

(1) Nous ne donnons ici la nomenclature des anciennes Universités, que parce qu'elle est très-peu connue. C'eût été surcharger inutilement notre travail et le rendre fastidieux pour le lecteur, que d'y ajouter la division nouvelle des facultés départementales. D'ailleurs il sera question de ces facultés dans le courant de l'*Histoire des Ecoles*, selon la part que chacune d'elles a prise aux événements.

gens et en forçant, pour ainsi dire, la cité à élargir son enceinte, avaient principalement contribué à faire de Paris le centre le plus puissant et par conséquent, l'agent le plus actif de la civilisation. Au premier aspect, on est tenté de voir dans cette progression un fait purement matériel. Empressons-nous d'ajouter que ses conséquences furent éminemment morales. Les Ecoles étaient, avant tout, un précieux foyer de discussion, un vaste laboratoire d'idées: là, seulement, par l'échange continuel des éclairs de l'intelligence, on échappe à cet isolement qui pèse sur le moyen âge.—Le *libre arbitre*, ce grand refuge de la conscience humaine au moment où elle est comprimée par une fausse révélation, le libre arbitre trouve ses plus hardis défenseurs, ses plus ardents apôtres parmi les Ecoliers. Combien sont suppliciés, pendus, brûlés vifs dans des cages de bois, après avoir été convaincus d'*hérésie*, parce qu'ils ont osé soutenir, sous diverses formes, le droit de la pensée et la liberté de la croyance !

On se tromperait étrangement si on jugeait les Étudiants d'autrefois par leur côté intime : défis de buveurs, taverniers battus, querelles au Pré-aux-Clercs, femmes de marchands enlevées ; expéditions dans la ruelle du Val-d'amour, en compagnie de ribaudes et de truands ; des meurtres et des rapines ; c'est toujours le même tableau à la superficie. Mais, au fond, il y a quelque chose de plus sérieux que vous n'apercevez pas d'abord, et qui marche toujours, c'est l'Idée! Ce pauvre Étudiant logé au collége de Fortet, et qui a fait son droit à Orléans, est l'objet des préoccupations du parlement. Le recteur est mandé à la barre, on lui ordonne de mettre en prison cet étudiant soupçonné d'hérésie ; il a le bonheur de se réfugier en Saintonge. Bientôt le monde entier saura qu'il s'appelle Calvin. Les livres protestants sont brûlés, les imprimeurs sont jetés dans les cachots de l'évêché. Ces persécutions ont pour effet de grossir les rangs des réformés. tandis que deux jeunes Ecoliers, René Duseau et Jean Amalric, accusés de luthérianisme, sont oubliés dans une prison souterraine ; des élèves du collége du Plessis mutilent les protestants de la rue Saint-Jacques à coups de pierres, et excitent le peuple en criant : *Aux voleurs ! aux brigands !* Cette scène se passait le 4 septembre 1557, à minuit. L'ardeur des persécutés redoubla, et un jour (19 mars 1558) quelques-uns d'entre eux se rendirent au Pré-aux-Clercs pour y chanter les psaumes de David traduits par Clément Marot. Les promeneurs cédèrent à cette courageuse tentative de prosélytisme, et prirent part à ces chants. Cette nouvelle fit scandale à la cour ; un ordre sévère interdit aux protestants l'entrée de cette promenade. Un Ecolier, n'ayant pu contenir son indignation en entendant les injures adressées en chaire par un prêtre papiste aux huguenots, fut traité de luthérien par une vieille dévote, traîné dans la rue et mis en pièces par une bande de fanatiques.

La réputation des Ecoles françaises se répand au loin, et leur influence civilisatrice va féconder chez les peuples voisins des institutions qui tendent à la démocratie. Ce rôle est remarquable, surtout par rapport aux républiques italiennes, et l'historien de Sismondi l'a clairement défini. Il est vrai que le terrain était merveilleusement préparé à recevoir cette semence. Déjà, dès le commencement du quatorzième siècle, on voit quinze mille jeunes gens se rassembler, à Bologne, de toutes les parties de l'Italie, pour suivre des leçons publiques de droit civil, de droit canon et de médecine. La plus grande solidarité règne entre eux. Un de leurs camarades, par exemple, Jacques de Valence, le plus beau et le plus généreux de tous les Etudiants, devient éperdûment amoureux de Constance de Zagnoni d'Argela, nièce d'un professeur; ne pouvant parvenir à la posséder, il l'enlève de vive force, en l'absence de son père, qui vient ensuite l'attaquer à la tête de tout le peuple. Tous les Ecoliers, prenant fait et cause pour leur condisciple, le défendent avec acharnement. Jacques est enfin arrêté par le podestat; il est condamné à perdre la tête, et dès le lendemain il subit son supplice sur l échafaud. Les Etudiants irrités partent pour Sienne avec leurs professeurs. — Beaucoup entrèrent plus tard dans la conspiration dite *maltraversa* (qui s'oppose au mal).

Les Ecoles de Paris, qui entretenaient depuis longtemps des *messagers* à leurs frais, donnèrent l'idée de l'institution des postes et des messageries qui fut créée par Louis XI. L'Université en eut d'abord le monopole. On comprend l'importance de ces établissements qui reliaient entre elles toutes les voies de communication. — Les Etudiants rendirent de non moins grands services aux sciences, aux lettres et aux arts. De leurs rangs sortirent, au dix-septième et au dix-huitième siècles, des artistes et des écrivains qui sont restés la gloire de la France. Car, en dehors du cercle restreint de l'enseignement scolastique, la jeunesse se débarrassait des formules étroites et défrichait le champ philosophique où germait la révolution. Le Pays-Latin, malgré son nom antique, était réputé la patrie des idées nouvelles, des pensées hardies et le centre du bon goût.

« Quand la Comédie française était dans le Pays-Latin, dit Mercier, le parterre était beaucoup mieux composé qu'il ne l'est aujourd'hui (1). Ce parterre savait former des acteurs. Ceux-ci, privés de l'utile censure que les Etudiants exerçaient, se pervertissent devant un parterre grossier, parce qu'on n'y voit plus que les courtauds de boutique de la rue Saint-Honoré, et les petits commis de la douane et des fermes. Ainsi la perfection d'un art tient à des rapports presque insensibles et rarement aperçus.

(1) 1783, *Tableau de Paris*, t. 1er, p. 147.

§ IX.

Les Basoches.

On s'étonnera peut-être de ce que nous n'avons point encore parlé de *la Basoche*. Nous nous serions placé en dehors de notre sujet, puisqu'elle ne se composait point des Clercs et Étudiants proprement dits, mais des Clercs attachés au parlement, au Châtelet et à la chambre des comptes. Nous lui devons une mention, en ce que, comme toutes les institutions de ce genre au moyen âge, malgré son côté comique, elle remplit un rôle sérieux. Elle fut une des puissantes associations de ce temps, qui malheureusement, ne se reliant pas entre elles, engendraient l'esprit de corps et dégénéraient en priviléges et en abus.

Les rois se virent obligés de transiger avec cette association, qui prenait elle-même les titres d'*Empire* et de *Royaume*, et qui était devenue vraiment redoutable par le grand nombre de ses sujets. François 1er se faisait un plaisir d'assister à ses *montres* ou *revues*. Henri III, effrayé de cette communauté qui comptait dix mille clercs, révoqua le titre de *Roi de Basoche* et ne laissa subsister que la royauté de la fève.

La Basoche avait ses théâtres, où l'on représentait des farces, *soties* ou moralités; elle y flagellait les travers du temps. Le parlement, qui n'aimait pas ces représentations, où plusieurs de ses membres étaient traduits sur la scène, les interdit souvent, sous peine de bannissement et de confiscation de biens. On se plaignait à Louis XII de la licence de ces pièces; il répondit :

« Je veux qu'on les joue en liberté, et que les jeunes gens déclarent » les abus qu'on fait à ma cour, puisque les confesseurs et autres qui » font les sages, n'en veulent rien dire : pourvu qu'on ne parle pas de » ma femme, car je veux que l'honneur des femmes soit gardé. » A la mort de ce roi (1516), le parlement fait défense aux Étudiants comme aux Basochiens, *de jouer farces et comédies, dans lesquelles il serait fait mention des princes et princesses de la cour.* En 1533, on joua, cependant, au collége de Navarre, une comédie où la reine de Navarre, sœur de François 1er, était représentée comme une furie.—Les armoiries de la Basoche étaient un écusson chargé de trois écritoires, surmonté d'un casque, et supporté par deux jeunes filles nues, à longue chevelure. Trois écritoires ! « Oh ! s'écrie Mercier, l'auteur philosophe du *Tableau de Paris*, quel fleuve dévorant, semblable aux noires eaux du Styx, sort de ces armes parlantes, pour tout brûler, et consumer sur son passage ! Quoi ! Montesquieu, Rousseau, Voltaire et Buffon ont aussi trempé leur plume dans un écritoire ! Et l'Huissier exploitant et l'Ecrivain lumineux se servent chaque jour du même instrument ! »

Les Basochiens, dans les premiers jours de la révolution, formèrent un corps spécial dont l'uniforme était rouge avec épaulettes et boutons en argent. Ils rendirent quelques services ; mais leur esprit de corps nuisait au besoin d'unité qui rendit si puissante cette époque de rénovation. Un différend éclata le 2 août 1789 entre messieurs de la Basoche et le district des Barnabites. « Une patrouille de ce district voulut passer par les cours du palais, qui est dans son arrondissement. Messieurs de la Basoche s'y opposèrent. Après quelques contestations, messieurs des Barnabites, quoique bien convaincus qu'ils avaient droit, crurent devoir se retirer pour ne pas donner le spectacle d'une petite guerre civile. Ceci prouve le danger d'armer les citoyens par corporations et districts. Un bourgeois n'a pas le droit d'être armé parce qu'il est de telle ou telle profession, mais parce qu'il est citoyen. L'assemblée, par corporation, est donc contraire aux principes du droit politique (1). » — Les Basochiens se soumirent, sans murmurer, au décret qui anéantissait leur corporation.

De nos jours, les Basoches, répudiant les puérilités d'un autre temps, se composent d'étudiants en droit et de jeunes avocats qui ont pour but de se former aux luttes de la parole.

§ X.

Ecoles sous la Révolution et sous l'Empire.

Un grand nombre d'Etudiants, — les traditions l'attestent, — étaient initiés à la franc-maçonnerie et aux sociétés occultes qui précédèrent la révolution. La plupart de ces jeunes gens se ralliaient aux loges qui se tenaient rue du Pot-de-fer, dans l'ancien noviciat des jésuites. « O changement, ô instabilité des choses humaines! dit Mercier, poursuivant toute vieille institution d'un sarcasme révolutionnaire, qui l'eût dit, que des loges de francs-maçons s'établiraient dans les mêmes salles où on argumentait en théologie ; que le Grand-Orient succéderait à la compagnie de Jésus ; que la loge philosophique des *neuf sœurs* occuperait la chambre des méditations des enfants de Loyola ; que M. de Voltaire y serait reçu Franc-Maçon en 1778 ; que son éloge funéraire et son apothéose enfin, se célébreraient avec la plus grande pompe dans le même endroit où l'on invoquait saint François Xavier !... O renversement ! le Vénérable assis à la place du père Griffet, les mystères maçonniques remplaçant..., je n'ose achever. Quand je suis sous cette voûte inaccessible aux grossiers rayons du soleil, ceint de l'auguste tablier, je crois voir errer toutes ces ombres jésuitiques qui me lancent des regards furieux et désespérés. Et là, j'ai vu entrer frère Voltaire au son des instruments, dans la même salle où on l'avait tant de fois maudit théologiquement... O jésuites ! (2) auriez-vous deviné tout cela, quand

(1) *Révolutions de Paris*, n° 4, du 2 au 8 août 1789, page 6.

(2) *Tableau de Paris*, 1783, t. II, p. 155. — Mercier affirme en note

votre père Lachaise enveloppait son auguste pénitent dans ses mensonges les plus dangereux, et que d'autres de la même race lui inspiraient leur barbare intolérance, leurs idées basses, rétrécies, attentatoires à la dignité et à la liberté de l'homme? Vous avez été les ennemis obstinés de la lumière bienfaisante de la philosophie, et des philosophes se réjouissent dans vos foyers de votre chute rapide ! Les francs-maçons, appuyés sur la base de la charité, de la tolérance, de la bienfaisance universelle, subsisteront encore, lorsque vos noms ne réveilleront plus que l'idée d'un égoïsme persécuteur ! »

La jeunesse salua avec enthousiasme l'ère de notre émancipation politique. Les registres de l'Université portent à l'année 1790 une requête « d'Ecoliers au recteur, qui demandent que les vacances soient avancées *pour qu'ils puissent se livrer aux élans de la liberté.....* »

Le premier acteur de ce grand drame, Camille Desmoulins, qui arbora la cocarde de la liberté dans le jardin du Palais-Royal, sortait à peine des bancs de l'Ecole de droit. — Qu'on prenne un par un les noms des membres du tiers-état, et l'on verra que la plupart des orateurs ou hommes politiques de l'Assemblée Constituante, de la Législative et de la Convention, exerçaient des professions libérales et avaient étudié, par conséquent, dans nos Colléges et dans nos Ecoles de haut enseignement.

On voit les jeunes gens se mêler activement aux grands événements de cette époque, non pas à titre d'Etudiants, mais comme citoyens.

Cependant les Ecoles libres des différentes villes de France ont leur fédération spéciale. Les Elèves en Droit et en Médecine des départements fraternisent avec ceux de Paris et travaillent ainsi à l'unité des idées, conséquence de l'unité territoriale (1).

Au 9 thermidor, le citoyen Souberbielle, Elève en médecine, rallie autour de lui les Etudiants patriotes de Paris, et un grand nombre s'apprêtent, en cas d'insurrection, à voler au secours des principes sacrés qui vont périr avec les derniers montagnards, pour revivre ensuite avec plus d'éclat.

Pendant les saturnales du directoire, présages de celles du despotisme impérial et de la royauté, les généreux élans d'une minorité de jeunes gens se perdent au milieu des orgies de la jeunesse dorée. Déjà, quelques-uns de ces damoiseaux, qui avaient hué tout bas, blottis dans les tribunes

que les jésuites achetaient d'un valet de garde-robe la chaise percée du feu roi d'Espagne, pour tâcher de découvrir dans les papiers dont Sa Majesté s'était servie, quelques éclaircissements sur ce qu'il leur importait de savoir. Un frère blanchissait le papier de son mieux, en rapprochait les morceaux, puis mes rusés politiques lisaient et tenaient conseil. Il ajoute que cette anecdote, peu connue, est très-vraie.

(1) Voir, pour les détails, *l'Histoire parlementaire* de Buchez et Roux.

élevées, les dernières séances de la Convention, avaient reçu un rude châtiment dont ils gardaient une honteuse empreinte. Un jour, quelques *tricoteuses*, épouses de francs jacobins, fatiguées des plaisanteries de ces *frileux*, comme elles les appelaient, leur donnèrent publiquement le fouet et les livrèrent ainsi à la plus affreuse dérision. On conseilla à ces braves fils de famille de rehausser leurs blasons dégénérés d'une *paire de verges*.

Les historiens royalistes se sont plu à représenter l'instruction comme complètement déchue sous le régime républicain ; quand jamais, à aucune époque, le développemeut de l'agriculture et de l'industrie, des procédés d'hygiène et de subsistance publique ne furent portés plus haut. Les sciences physiques, mathématiques et politiques firent également un immense progrès. Du 10 août au 9 thermidor, on compte le nouveau système des poids et mesures, le cadastre, les nouveaux systèmes monétaire et horaire, le calendrier républicain, l'invention des télégraphes et des aérostats appliquée. A côté de publicistes, de philosophes, de moralistes, d'économistes, de jurisconsultes, d'archéologues comme Saint-Just, Thomas Payne, Dupuis, Cabanis, Condorcet, Mercier, Cambon, Merlin, Theilhard, Volney ; d'orateurs, d'écrivains comme Robespierre, Vergnaud, Danton, Barrère, Marat, Camille Desmoulins ; de poëtes, d'auteurs dramatiques et d'artistes comme Chénier, Lebrun, Fabre d'Eglantine, David, Méhul, Gossec; la biographie révolutionnaire compte dans les sciences proprement dites Guyton-Morveau, Hassenfratz, Romme, Soubrany, Carnot, Prieur (de la Côte-d'Or,) Monge, Lagrange, Laplace, Lalande, Lamarck, Dolomieu, Parmentier, Berthollet, Vauquelin, Fourcroy, Darcet, Pelletan, Boyer, etc.

« La Révolution protégea la science et exploita ses forces; elle la sortie des théories, ou du moins l'introduisit largement dans les services publics, l'enseignement, la pratique; elle la fit passer des académies et du laboratoire dans les arsenaux, les camps, les comités administratifs, les ateliers, les Colléges. L'Institut, les Écoles polytechnique, normale, centrales, spéciales, primaires, le Prytanée, furent des institutions supérieures à tout ce qui avait été pratiqué jusqu'alors. Si toutes ne furent pas organisées dès la première période républicaine, elles précédèrent les réactions directoriale, consulaire, impériale, qui les dénaturèrent toujours de plus en plus quand elles ne les détruisirent pas ; de même que la réaction thermidorienne avait déjà altéré ou renversé les bases tracées par le régime révolutionnaire pour toutes les institutions qui l'ont suivi.

» Celles que la Convention fonda antérieurement au 9 thermidor sont: l'organisation de l'instruction publique, qui occupa si souvent les séances des jacobins, où il fut question de lui consacrer un journal spécial ; l'organisation des Écoles primaires dans toutes les communes, avec obligation d'y envoyer les enfants; l'établissement de trois degrés d'enseignement supérieur; le règlement des institutions particulières d'instruction publique; la fondation de bourses pour les enfants des défenseurs de la patrie; l'affectation de diverses ressources aux besoins de l'éducation populaire; l'établissement d'instituteurs de langue française dans les départements dont les habitants parlent divers idiômes; la création d'Écoles spéciales, entre autres des écoles de mathématiques et d'hydrographie de la marine; d'une école nationale des sourds-muets à Bordeaux; d'un institut national de musique à Paris; d'une École de Mars, ouverte à 3,000 jeunes gens; le Conservatoire des arts et métiers; les Écoles d'économie rurale et vétérinaire à Versailles et à Lyon; celle des langues orientales; les Écoles révolutionnaires de navigation et de commerce maritime, le bureau des longitudes, etc., etc. (1) »

N'oublions pas de mentionner les magnifiques rapports de Lepelletier et de Joseph Lakanal, tant sur l'éducation nationale que sur les projets de création d'écoles spéciales.

Napoléon comprit le danger de ce large système d'éducation; il le restreignit et le subordonna à ses vues. Dès 1806, il fit de l'Université impériale un corps soumis à une hiérarchie puissante, mais qui dépendait elle-même du chef de l'Etat. Le décret de 1808 transforma la plupart des anciennes Universités de province en Académies régies par un recteur et un conseil académique. A la tête était le grand-maître assisté du Conseil de l'Université. M. de Fontanes, instrument docile, fut nommé grand-maître. Cette centralisation administrative porte l'empreinte du génie de Napoléon; mais on conviendra qu'elle se prêtait admirablement à toutes les exigences de son despotisme. La forme militaire fut appliquée aux colléges, sortes d'écoles-casernes qu'on appela des *Lycées*. Il fallait comprimer l'impulsion révolutionnaire. Le travail de la mémoire fut substitué à celui de l'intelligence. La jeunesse apprenait par cœur plutôt qu'elle n'étudiait; on en revint aux huit classes employées au latin et au grec.

La restauration allait, en 1815, nous ramener à l'ancien plan d'éducation et la fédéraliser, en ressucitant dix-sept Universités locales, quand Napoléon, à son retour de l'île d'Elbe, maintint son organisation qui, sauf quelques modifications, a prévalu jusqu'à présent dans l'administration de l'enseignement. M. Royer-Collard a défini l'Université ainsi constituée: « Le gouvernement appliqué à la direction générale de l'éducation publique. » — Un ministre du dernier règne s'engoua du système de Napoléon et, voulant l'imiter, s'en servit comme d'un moyen de police universitaire autant que pour satisfaire sa manie de réformes.

Mais n'anticipons pas sur les événements. Nous n'avons désormais, d'ailleurs, à ne nous préoccuper du rôle de l'Université qu'autant qu'il

(1) *Revue républicaine*, 10 novembre 1834. — Lire en entier l'admirable article de Godefroi Cavaignac, intitulé: *Monuments révolutionnaires*, dont ce passage est extrait.

se liera à celui des grandes Ecoles, qui deviennent peu à peu indépendantes du centre. En effet, le Collége de France, siége principal du haut enseignement, demeura longtemps en dehors des attributions du minisnistère de l'instruction publique et fut du ressort du ministère de l'intérieur.

Quant aux Ecoles militaires proprement dites, elles attireront peu notre attention. Lorsque la gloire de nos armes consolait la France de l'absolutisme impérial, et que la nouvelle génération, tout entière dans les camps, répandait son sang sur les champs de bataille, l'Ecole de Fontainebleau, pépinière d'élite, peuplait l'armée d'officiers braves et distingués. A peine étaient-ils formés à la théorie de la guerre, qu'on les envoyait par charretées à leur destination, c'est-à-dire, le plus souvent au trépas. A côté d'elle grandissait l'Ecole polytechnique, qui illustra en même temps l'armée, les sciences et l'histoire. A ce triple titre consacrons lui d'abord un chapitre spécial jusqu'au moment où elle s'associa avec ardeur au mouvement de la jeunesse, et où nous entrons de plein pied dans l'Histoire politique des Ecoles.

§ XI.

L'École polytechnique depuis sa fondation (1794) jusqu'en 1815.

Appelée d'abord *Ecole des travaux publics*, cette brillante institution fut fondée sur un rapport de Fourcy et d'après le projet de loi de Lamblardie, directeur de l'École des ponts et chaussées, du célèbre Monge, et de deux membres du Comité de salut public, Carnot et Prieur de la Côte-d'Or. Elle était primitivement destinée à fournir le génie civil et le génie militaire de bons théoriciens. Le premier local qu'elle occupa fut le Palais-Bourbon. L'ouverture de l'École eut lieu le 30 novembre 1794 (10 frimaire an III). Les Élèves qui arrivaient des départements à Paris, avaient pour solde le traitement de route alloué aux canonniers de première classe, quinze sols par jour, en assignats, équivalant alors à quatre sols, en numéraire. A compter de leur arrivée, ils devaient jouir du traitement de 1,200 livres par an.

L'École des travaux publics était, dans le principe, peu animée de l'esprit républicain. Voici ce que dit, à ce sujet, le premier rapport sur l'*examen au moral* : « La manifestation du patriotisme a été, en général, nulle. A l'exception du très-petit nombre, ils sont ignorants et indifférents. Indifférents! tandis que les enfants même balbutient déjà les principes et les hymnes de la liberté!... — Je n'ai vu, en les considérant en masse, qu'une fraction de génération sans caractère, sans élan patriotique. »

Avant de classer les élèves, Fourcroy eut l'idée de faire ce qu'il appelait des *cours révolutionnaires*. C'était la révolution, c'est-à-dire, la rapidité, l'énergie, la sureté et la précision appliquées à l'enseignement préparatoire qui devait servir à apprécier la force des élèves et à les placer suivant leur avancement. Pensée hardie que celle de concentrer, dans un espace de trois mois, un enseignement reconnu assez considérable pour exiger trois années de travaux et d'études! Cette difficulté fut cependant vaincue, et 349 élèves furent admis à la suite des premiers examens. Ils reçurent un enseignement commun ayant pour base la physique et les mathématiques. Les professeurs furent choisis parmi les savans les plus en renom de la France.

Le 20 mai 1795 (1er prairial an III), au moment même où Lagrange allait ouvrir son cours de mécanique, le bruit court à l'Ecole que la Convention vient d'être envahie de nouveau par la masse du parti montagnard, et que l'attaque est encore plus énergique qu'au 12 germinal (1er avril). Les Elèves, qui n'étaient pas exempts du service de la garde nationale, prennent les armes en faveur du gouvernement. Cette conduite leur attira plus d'une fois des rencontres avec les vrais républicains, qui leur reprochaient de se séparer du peuple. Les Elèves se trouvèrent plus d'une fois compromis dans ces luttes souvent inégales, et leur camarades quittaient l'Ecole pour aller les défendre ou les venger, ce qui interrompait les études. Cependant quelques mois après, dans la fameuse journée du 5 octobre (13 vendémiaire an IV), un assez grand nombre d'entre eux se joignirent aux citoyens de Paris qui avaient pris les armes contre la Convention; et une enquête fut faite dans l'Ecole par ordre du comité de salut public. Il fallait tout à la fois rassurer une autorité ombrageuse sur les dispositions de ces jeunes gens, et en obtenir pour eux des secours pécuniaires et du pain. Le zèle infatigable et l'énergique volonté des fondateurs de l'Ecole, de Monge, de Prieur, de Lamblardie, triomphèrent de tous ces obstacles.

Une loi du 1er septembre 1795 changea le nom de l'Ecole des travaux publics en celui d'*Ecole polytechnique*. Quelques élèves furent renvoyés pour ne pas avoir voulu prêter serment de haine à la royauté; mais ce n'était pas le sentiment général de l'Ecole, quoiqu'on ait été jusqu'à dire qu'elle constituait une sorte d'aristocratie. Prieur imputa à l'influence de la réaction contre-révolutionnaire le fait « d'avoir rendu inutiles les mesures que la loi avait prises pour empêcher d'admettre à l'Ecole le jeune homme dont le cœur serait étranger à l'amour de la patrie, ou déjà gangréné de sentiments anti-républicains. »

Il fut décidé, en conséquence, que les certificats de bonne conduite et de civisme seraient délivrés, non plus par la municipalité du lieu du domicile, mais par le commissaire du directoire, près le département. A cette époque les élèves n'étaient pas logés à l'École, mais chez leurs parents ou leurs correspondants, et ils venaient suivre les cours.

Une loi du 22 octobre plaça l'École dans les attributions du ministre de l'intérieur; ajouta aux services, pour lesquels elle formait des sujets, celui de l'artillerie; réduisit à trois cents le nombre des élèves; fixa la durée des études à trois ans; prescrivit, enfin, qu'on ne serait admis aux écoles particulières du génie, des ponts et chaussées, des mines, etc., qu'après avoir passé par l'École polytechnique. En 1798, une nouvelle loi, conçue par Laplace, ministre de l'intérieur, ajouta au service de l'Ecole *l'artillerie marine* et retrancha *l'aérostation*. Elle accordait aux élèves le titre de sergent d'artillerie et le traitement de ce grade. Le conseil des cinq-cents, comme précédemment le directoire, présenta de vives objections contre l'organisation de l'École. Prieur les réfuta avec fermeté et démontra les services que rendait son enseignement supérieur dans les sciences spéciales. Le conseil décréta néanmoins que le nombre des élèves serait encore diminué d'un tiers, qu'ils ne resteraient plus que deux ans à l'Ecole et qu'ils porteraient un uniforme.

L'Ecole polytechnique prit une belle part à l'expédition d'Egypte. Les professeurs Fourrier, Berthollet, Monge et trente-neuf élèves, allèrent partager les glorieux périls de l'armée d'Orient. Huit d'entre eux y périrent victimes de la guerre et du climat ; dix-sept firent partie de la commission artistique et scientifique, et coopérèrent au grand ouvrage sur l'Egypte, un des monuments impérissables de l'esprit humain.

A cette époque commença la réputation de patriotisme de l'Ecole polytechnique. Il est certain que si Napoléon, qui appréciait tant la valeur scientifique de cette institution, n'y fit jamais qu'une seule visite (aux cent-jours) ; c'est qu'il redoutait la manifestation des sentiments républicains des élèves, manifestation qui l'aurait obligé peut-être à la dissoudre. Il avait été touché cependant des preuves du dévouement patriotique des élèves. Ainsi, après la rupture de la paix d'Amiens, à la nouvelle de la reprise des hostilités entre la France et l'Angleterre, ils versèrent une somme de 4,000 fr. pour les frais d'équipement des flottilles, et ils construisirent eux-mêmes, sous les murs de l'Ecole, un bateau-canonnier de premier ordre ; puis, trente d'entre eux, présidèrent à la construction des embarcations-modèles mises sur le chantier devant l'hôtel des Invalides, pour être envoyées et copiées dans les départements de l'intérieur. Napoléon leur fit écrire « qu'il ne s'attendait pas à moins de la part d'une jeunesse avide de gloire et pour qui l'honneur national devient un patrimoine. » Les élèves furent admis, soit en corps, soit par détachement, à quelques-unes des solennités qui suivirent son avénement à l'empire. Dans la plus éclatante de toutes, celle du sacre, une députation de sept élèves fut appelée avec les différents corps de l'armée, et représenta le bataillon des élèves dans tous les actes de cette cérémonie (1).

Pendant les quatre années (1801-1804) qui précédèrent le caserne-

(1) *Histoire de l'École polytechnique*, par A. Fourcy, 1828.— La plupart des renseignements de cette notice sont tirés de ce livre, que j'ai consulté avec une extrême réserve. Il suffit de dire qu'il est dédié au

ment, le théâtre où les élèves allaient chercher de trop fréquentes distractions, était souvent troublé par des scènes de désordre dans lesquelles le nom de l'Ecole polytechnique fut plus d'une fois mêlé. Des plaintes réitérées, soit du ministre de l'intérieur, soit de la police, et l'arrestation de plusieurs élèves accusés d'être les provocateurs, avaient vivement excité l'attention du conseil de perfectionnement. Il infligea de légères punitions et arrêta que tout élève qui serait reconnu dans un lieu public sans être revêtu de son uniforme, serait exclu de l'Ecole, « sans autre délibération que celle qui aurait pour objet de constater le fait. » Instruit d'ailleurs qu'un journal qui circulait parmi eux les entretenait de spectacles, occasionnait des discussions, et pouvait être une des principales causes de l'agitation, il défendit provisoirement l'introduction d'aucun journal dans les salles d'études. Mais de nouveaux troubles eurent lieu ; un chef de brigade fut destitué, et un élève exclu. Il est juste de dire que le plus grand nombre resta étranger à ces désordres.

En 1804, l'organisation de l'Ecole fut changée radicalement. Elle fut formée en corps militaire et casernée. L'obligation fut imposée aux Elèves de payer une pension de 800 francs par an et de se fournir d'un trousseau, de livres et d'instruments nécessaires. Plus tard, des bourses furent créées.

La translation de l'Ecole dans les bâtiments du Collége de Navarre, à la montagne Sainte-Geneviève, eut lieu le 11 novembre 1805. On y ouvrit les cours de la douzième année. Tout y présenta dès ce moment un appareil militaire. Le général Lacuée fut nommé gouverneur de de l'Ecole. Chaque Elève reçut avec l'habit uniforme un fusil d'ordonnance et une giberne. L'école du soldat et du peloton, le maniement des armes, les évolutions, l'exercice à feu occupèrent une partie du temps des récréations. Les Elèves fournissaient même un poste. On leur donna un drapeau qui portait cette inscription :

POUR LA PATRIE,
LES SCIENCES
ET
LA GLOIRE.

Rien d'important pendant les années qui suivirent. — Mais, après la retraite de Moscou jusqu'à la journée de Leipsick, l'Ecole fournit à l'armée un contingent d'élite. Les besoins de l'artillerie et du génie, devenus de jour en jour plus pressants par suite de pertes glorieuses, appelaient le plus grand nombre des Elèves à remplir les cadres de ces

dauphin et que l'auteur fait tout ce qu'il peut pour plaire à son prince. Cet ouvrage s'arrête à 1828. Mon travail, comprenant l'ensemble des Ecoles, continuera jusqu'à nos jours l'histoire de l'Ecole polytechnique.

deux corps, et même longtemps avant qu'ils eussent pû compléter leur instruction.

De 1796 à 1855, l'Ecole polytechnique a fourni à l'armée de terre 2,839 officiers, à l'armée de mer 289, et au génie civil 818; total 5,946. C'est un peu plus de 100 sujets par an. Depuis le grand développement des travaux publics en France, cette Ecole fournit, année moyenne, 10 à 50 ingénieurs aux ponts et chassées.

En 1799, l'Ecole polytechnique se composait de 274 élèves, parmi lesquels 160 étaient sans fortune, 75 aisés, 39 riches. En 1840, cette Ecole contenait 270 Elèves, tous riches; car, pour être admis, les Elèves devaient apporter un trousseau d'une valeur de sept à huit cent fr., et, de plus, leurs parents devaient s'engager à payer une pension de 1,000 fr. par an. Par le fait seul de ces exigences, les pauvres étaient radicalement exclus de l'Ecole polytechnique. La république française ne devrait-elle pas se charger des frais d'éducation de tout candidat dont l'incontestable supériorité, reconnue par les examinateurs, a subi, jusqu'à la proclamation du principe d'égalité, l'ostracisme de l'indigence ?... Elle en a pris l'engagement, — son gouvernement le tiendra-t-il ?...

Nous venons de parler de l'Ecole polytechnique comme institution; désormais, nous parlerons du rôle important qu'accomplirent ses Elèves comme citoyens, au milieu des faits qui furent le développement de la grande tradition révolutionnaire ; car la jeunesse des Ecoles occupe le plan principal dans ce drame, dont la première scène ne tardera pas à s'ouvrir.

CHAPITRE PREMIER.

—

1809-1815. — Exécution de Frédéric Stabs. — Son projet. — Son interrogatoire. — Associations de la Jeune Allemagne. — Bataille de Paris. — Belle défense de l'École polytechnique, de l'École d'Alfort, etc. — Les professeurs de l'École de droit aux Tuileries.

Ce livre a pour but de montrer l'initiative de la jeunesse dans les étapes successives que la révolution française a parcourues depuis son point de départ. — C'est au delà du Rhin, pour la première fois dans le dix-neuvième siècle, que se manifestent par contre-coup, la résurrection des idées démocratiques et le tressaillement du progrès révolutionnaire. C'est là, par conséquent, — dans un épisode de la campagne d'Allemagne, — que nous devons aller chercher le commencement de ce récit.

Le 27 octobre 1809, dans une plaine voisine de Schœnbrunn, une troupe de soldats s'avançait, morne et triste, derrière un jeune homme d'environ dix-huit ans, escorté par deux gendarmes. Un instant après, un feu de peloton déchirait l'air, et cet adolescent tombait, le corps percé de balles. « Vive la liberté ! vive l'Allemagne! mort à son tyran! » tel fut son cri de suprême adieu. Il mourait martyr pour l'indépendance de son pays, désolé par la guerre. Sa dernière douleur avait été d'apprendre, avant le supplice, que la paix venait d'être signée.

Ce jeune homme était un Étudiant de Narrembourg, fils d'un ministre protestant; il se nommait Frédéric Stabs. Son crime était d'avoir conçu le projet d'immoler le despotisme dans la personne de Napoléon. Voici par quelle suite de circonstances il avait été découvert :

L'empereur venait de passer la revue. Au défilé des troupes, le général Berthier, remarquant à l'extrémité d'une colonne le jeune Stabs qui s'avançait vers l'empereur, le prit pour quelqu'un qui cherchait à présenter une pétition et lui indiqua qu'il fallait la remettre au général Rapp, aide de camp de service ce jour-là. Stabs déclara que c'était à Napoléon lui-même qu'il voulait parler, et Berthier lui répondit de nouveau qu'il devait s'adresser à Rapp. Il s'éloigna un peu, en répétant toujours qu'il voulait parler à Napoléon. Il s'avança encore une fois et s'approcha très-près de l'empereur. L'aide de camp de service, lui adressant la parole en allemand, lui dit d'attendre après la parade, et qu'alors on écouterait sa demande. L'insistance de l'Étudiant allemand commença à paraître suspecte aux gens de l'empereur; ils remarquèrent qu'il avait la main droite placée sous le côté gauche de sa redingote à l'endroit de la poche; qu'il en laissait sortir un papier dont l'extrémité était en évidence. Rapp fut surtout frappé de son regard et d'un certain air décidé qui lui sembla affecté, tant il contrastait avec la douceur de ses traits.

Ayant alors aperçu un officier de gendarmerie, le général l'appela et lui recommanda de s'emparer de ce jeune homme sans faire d'esclandre et sans violence, puis, de le retenir au château jusqu'à la fin de la parade.

L'attention générale étant occupée par la parade, cette scène ne fut pas remarquée.

On vint bientôt annoncer à Rapp qu'on avait trouvé un énorme couteau de cuisine sur le jeune homme arrêté. Le général alla sur-le-champ trouver son collègue Duroc, et ils se rendirent ensemble dans la pièce où Stabs avait été conduit. Ils le trouvèrent assis sur un lit, l'air rêveur, mais non effrayé. Il avait auprès de lui le portrait d'une jeune femme, un portefeuille et une bourse dans laquelle étaient seulement deux vieilles pièces d'or françaises. Rapp lui demanda son nom. Il lui répondit qu'il ne pouvait le dire qu'à Napoléon. Le général lui demanda encore quel usage il voulait faire du couteau que l'on avait trouvé sur lui. Toujours même réponse : « Je ne puis le dire qu'à Napoléon. — Le destiniez-vous, ajouta Rapp, à un attentat contre sa vie? — Oui, monsieur. — Pourquoi? — Je ne puis le dire qu'à Napoléon. »

On prévint l'empereur qui, à cette nouvelle, devint un peu soucieux, car il était sans cesse obsédé, à cette époque, de l'idée qu'on voulait l'assassiner (1). Il commanda de faire venir le jeune homme dans son cabinet, mais il donna cet ordre avec un accent que les personnes qui l'entouraient ne lui avaient jamais connu. Il passait continuellement sa main droite sur son front, et regardait d'un air scrutateur tous ceux qui étaient présents. Ses yeux se fixaient alternativement sur Berthier, Bernadotte, Savary et Duroc. Stabs fut amené entre deux gendarmes. Il portait sur sa figure, dit un des témoins de cette scène, quelque chose d'intéressant, dont il était impossible de se défendre. L'empereur lui demanda s'il savait parler le français; Stabs répondit qu'il le savait très-peu. Rapp, à qui l'empereur avait indiqué la plupart des questions qu'il devait adresser au prévenu, fut chargé de l'interroger en allemand; mais le général ne fut qu'interprète; telle était la précipitation de l'empereur à connaître les réponses, qu'il remplit lui-même les fonctions de juge instructeur dans le dialogue suivant qui a été conservé et que nous transcrivons sur pièces :

. . . .

Napoléon. — Que voulez-vous faire de votre couteau?

Stabs. — Vous tuer.

— Vous êtes fou, jeune homme; vous êtes illuminé.

— Je ne suis pas fou; je ne sais ce que c'est que d'être illuminé.

— Vous êtes donc malade?

— Je ne suis pas malade; je me porte bien.

— Pourquoi voulez-vous me tuer?

— Parce que vous faites le malheur de mon pays.

— Vous ai-je fait quelque mal?

— Comme à tous les Allemands.

— Par qui êtes-vous envoyé? Qui vous pousse à ce crime?

— Personne; c'est l'intime conviction qu'en vous tuant je

(1) *Mémoires de Bourienne.*

rendrais le plus grand service à mon pays et l'Europe, qui m'a mis les armes à la main.

— Est-ce la première fois que vous me voyez ?

— Je vous ai vu à Erfurth, à l'époque de votre entrevue avec l'empereur de Russie.

— N'avez-vous pas eu l'intention de me tuer alors ?

— Non, je croyais que vous ne feriez plus la guerre à l'Allemagne, j'étais un de vos grands admirateurs.

— Depuis quand êtes-vous à Vienne ?

— Depuis dix jours.

— Pourquoi avez-vous attendu si longtemps pour exécuter votre projet ?

— Je suis venu à Schœnbrunn, il y a huit jours, avec l'intention de vous tuer ; mais la parade venait de finir. J'avais remis l'exécution de mon dessein à aujourd'hui.

— Malade ou fou, s'écrie l'empereur en haussant les épaules.

— Ni l'un, ni l'autre, répond roidement Stabs. »

L'empereur donne précipitamment l'ordre de faire venir Corvisart. Il lui dit de tâter le pouls au prévenu.

« N'est-ce pas, monsieur, que je ne suis pas malade ? reprend Stabs.

— Monsieur se porte bien, répond Corvisart en s'adressant à l'empereur.

— Je vous le disais bien, » dit Stabs d'un ton satisfait.

Cette fermeté irrita l'empereur, qui lui promit cependant le pardon s'il consentait à le demander. C'était offrir la vie au prix d'une lâcheté.

« Me repentir ! dit Stabs, je ne me repens que de n'avoir pas réussi.

— Il paraît qu'un crime n'est rien à vos yeux ?

— Vous tuer n'est pas un crime, c'est un devoir !

— Quel est ce portrait trouvé sur vous ?

— Celui de ma meilleure amie, de la fille adoptive de mon père.

— Mais, en devenant assassin, vous affligez ceux que vous aimez ; bien plus, vous les perdez.

— J'ai cédé à une voix plus forte que l'affection.

— En me frappant au milieu de mon armée, vous ne pouviez espérer vous échapper.

— Non, car je suis étonné d'exister encore.

— Réfléchissez... ; celle que vous aimez sera au désespoir.

— Son désespoir viendra surtout de ce que je n'ai pas réussi ; elle vous hait autant que je vous hais moi-même.

— Je pourrais vous faire grâce...

— Mon devoir n'en serait pas moins de vous tuer. »

Napoléon était dans un état de stupéfaction qu'on ne lui avait jamais vu ; les réponses de Stabs et sa résolution inébranlable l'avaient atterré au dernier point. Il donna l'ordre d'emmener le prisonnier. Quand il fut sorti : « Voilà, » dit Napoléon, les résultats de cet illuminisme qui empeste » l'Allemagne. Voilà de beaux principes, ma foi ! et de belles » lumières ! Ce sont elles qui transforment la jeunesse en » assassins ; mais il n'y a rien contre l'illuminisme ; on ne » détruit pas une secte à coups de canon ! » — Après avoir déclamé contre les illuminés, il rentra dans son cabinet avec Berthier. Le soir, il fit appeler Rapp et s'entretint avec lui de l'événement de la matinée, qui lui semblait si extraordinaire, disait-il, que les menées de la cour de Berlin et de Weimar ne devaient pas y être étrangères. Le général essaya vainement de le dissuader en lui montrant que Stabs était un homme isolé, que sa contenance calme et son fanatisme même en étaient des preuves évidentes. L'empereur, qui n'aimait pas la contradiction, cessant tout à coup de tutoyer Rapp, ainsi qu'il le faisait pour ses généraux dans ses moments de bonne humeur, lui donna l'ordre suivant, mais sans changer de ton : « Vous allez écrire au géné» ral Lauer ; c'est lui que je charge d'interroger Stabs ; dites» lui surtout que je lui recommande d'en tirer quelque ré» vélation. »

Inutile de dire qu'on n'obtint de Stabs aucun nouvel aveu ; il répéta, dans l'interrogatoire que lui fit subir Lauer, à peu près ce qu'il avait dit en présence de Napoléon. Cette résignation et ce calme déconcertèrent l'empereur. Le jour même où il quitta Schœnbrunn, se trouvant seul avec Rapp, il lui dit : « Ce malheureux Stabs ne sort pas de mon es» prit. Quand j'y pense, mes idées se perdent ; non, je ne puis » concevoir qu'un jeune homme de cet âge, un Allemand, » un jeune homme qui a reçu de l'éducation, un protes» tant, surtout, ait pu concevoir et exécuter un pareil » crime. Voyez un peu ; on parle des Italiens comme d'un » peuple d'assassins, eh bien ! pas un Italien n'a cherché à » attenter à ma vie ; cela me passe. Informez-vous de la ma» nière dont il est mort, et vous m'en rendrez compte. »

Des informations que Rapp prit auprès du général Lauer, il résulta que Stabs avait gardé jusqu'à la fin son indomptable énergie ; arrêté le 23 octobre, jour de la tentative, il avait été exécuté le 27 à sept heures du matin, sans avoir rien pris depuis le 24. Quand on lui avait apporté de la nourriture, il l'avait refusée, en disant : « Il me reste assez de force pour marcher au supplice. » Son courage seul le soutint jusque-là. Tant d'héroïsme surpassa Napoléon, sans le toucher; il ne sut pas l'égaler à force de clémence. C'est que les despotes ne pardonnent pas la grandeur d'âme, la seule véritable puissance qu'ils sont condamnés à ne jamais atteindre; rarement ils s'élèvent au-dessus de leur ambition personnelle.

Il était écrit que Schœnbrunn serait fatal à la dynastie des Bonaparte. Là où Napoléon avait échappé au poignard de Stabs, là où Stabs avait été fusillé, mourait dans un palais désert, plus de vingt ans après, le duc de Reichstadt, étouffé par l'éducation autrichienne, entre les soins politiques de sa mère et la sollicitude trop pressante de M. de Metternich. Je ne sais si ces mystérieux rapprochements sont l'accomplissement d'une volonté supérieure, ou seulement le pur effet du hasard; mais, à coup sûr, ils sont le droit de l'histoire, et bons à noter, quand ils se présentent sous un jour aussi frappant.

Je vois la main qui tient le poignard; c'est vraiment une idée libérale. Ce mot est d'une justesse profonde, appliqué à la tentative de Stabs. C'était la Révolution qui se retournait contre son fils parricide. Nous allons expliquer comment : Stabs n'appartenait pas, comme on l'a cru, à la secte des *Illuminés*. Cette vaste conspiration, basée tout entière sur des théories plus ou moins mystiques, agissait peu. Elle ralliait une foule de hauts personnages, de grands seigneurs qui s'affiliaient plutôt par goût de la mode reçue que par conviction (1) ; mais les Universités allemandes restaient complétement en dehors de ce cercle ; leurs mœurs, d'ailleurs, y auraient été dépaysées. L'ordre des *Illuminés* avait été fondé bien avant 1789, par Weishaupt, tandis que les associations d'Etudiants allemands n'eurent un sens politique qu'à dater de cette époque.

Les idées vivifiantes de la révolution française, semence de l'avenir, fécondèrent le sol germanique ; elles trouvèrent un immense écho dans la jeune Allemagne. La philosophie du dix-huitième siècle, et l'épopée qui en était la traduction brillante, inspiraient à la génération nouvelle des pensées de rénovation et d'indépendance ; elle voulait concentrer toutes les forces du pays dans un but commun d'affranchissement. Frédéric Stabs était un de ces ardents initiateurs ; il légua son exemple pour règle à ses condisciples, et scella de son sang leurs premiers statuts.

(1) Consulter à ce sujet le travail écrit par M. de Polignac pendant son séjour dans ce pays, et publié en 1845 à la suite de ses *Mémoires*.

Bourrienne raconte dans ses *Mémoires*, (t. VIII), que la police fit arrêter à Paris, deux ans après, en 1811, un jeune Étudiant de Leipsick, nommé La Sahla, soupçonné d'y être venu exprès pour assassiner Napoléon. Il fut emprisonné à Vincennes, puis relâché sous la Restauration.

« A partir de 1809 surtout, on remarqua dans les Universités les traces d'une sourde fermentation (1). On voulait donner aux esprits et aux différentes corporations un but, une tendance unitaire et nationale. Ce furent les indices du grand mouvement qui se révéla dans les années 1813, 1814 et 1815. L'association connue sous le nom de *Tugendbund* (Alliance de la vertu), dont le célèbre philosophe Fichte avait été l'un des fondateurs, déploya, non sans succès, beaucoup d'activité. Elle comptait parmi ses membres une foule de jeunes hommes pleins de courage et de patriotisme, dont plusieurs renièrent plus tard leurs doctrines et s'associèrent même aux poursuites dirigées contre leurs anciens amis. Dans ces années, les jeunes gens, et surtout les Étudiants de toutes les Universités, furent ceux qui contribuèrent le plus à la délivrance de l'Allemagne, en ranimant l'enthousiasme, en réchauffant le patriotisme de leurs compatriotes, et même en payant de leurs personnes dans les combats. On les rencontrait sur les grandes routes, le fusil sur l'épaule, allant en troupe rejoindre un régiment, et répétant en chœur les chants de Kœrner. D'autres fois, c'étaient leurs cadavres que l'on heurtait sur les champs de bataille. Ils se battaient pour l'indépendance et surtout pour l'unité de l'Allemagne... Au retour, plusieurs associations prirent naissance dans les Universités, la *Teutonia*, l'*Arminia*, le *Miroir d'honneur* (*Ehren-spiegel*), et surtout la grande *Burschenschaft* (Ligue des Amis) d'Iéna qui se constitua le 15 juin 1815. Cette jeunesse brave et enthousiaste ne renonça pas, après la victoire, à la réalisation de ses espérances. Les princes, effrayés de ce mouvement extra-légal, essayèrent par tous les moyens de faire rentrer le fleuve dans son lit. Le *Tugendbund* fut supprimé ; cependant son esprit se continua dans l'*Union de Charlottenbourg*. »

On verra plus tard que des Étudiants de Paris allèrent prendre connaissance des *unions allemandes* et de leur organisation, pour essayer de l'appliquer aux Ecoles de Paris. Ainsi se réalisa la prophétie révolutionnaire : « Nous leur portons la guerre ; ils nous rendront la liberté ! » Les gouvernements pouvaient lancer les armées les unes contre les

(1) *Encyclopédie des gens du monde*, t. X, p. 227.

autres; loin du champ de bataille, les peuples travaillaient à s'entendre.

La victoire était lasse de suivre partout les aigles impériales. L'invasion étrangère, portant dans ses vastes flancs la barbarie du Nord, se précipitait à marches forcées contre le berceau de la Révolution. La France, menacée au cœur, presque agonisante, appela autour d'elle les plus jeunes de ses enfants. C'est alors qu'Étudiants de toutes Ecoles, Ecole Polytechnique en tête, coururent à Montmartre, à Vincennes, aux buttes Chaumont, pour veiller à la défense de Paris. Déjà, au commencement de l'année, l'Ecole Polytechnique avait offert, pour sa part du tribut volontaire que la France s'imposa, huit chevaux d'escadron, tout équipés pour l'artillerie à cheval; elle avait même demandé à aller au feu, dans les rangs de l'armée. Napoléon répondit « qu'il n'était pas réduit à tuer *sa poule aux œufs d'or* (1). » Cette fois le péril était imminent. — Les Polytechniciens, les Elèves en droit et en médecine composaient les douze batteries de l'artillerie de la garde nationale. Le 28 mars 1814, ils formèrent une réserve mobile de 28 bouches à feu. D'un moment à l'autre, on attendait l'ennemi qui, avec des forces très-supérieures, poussait les corps d'armée des maréchaux Mortier et Marmont.

Le 30, pendant que les deux maréchaux, avec une poignée de soldats, disputaient aux nombreuses divisions russes et prussiennes les hauteurs qui dominent Paris du nord au levant, l'artillerie de réserve se porta de la barrière du Trône sur le chemin de Vincennes, d'où elle commença, vers onze heures, un feu assez vif contre la gauche de la ligne ennemie. Aucune troupe d'infanterie ou de cavalerie n'avait été commandée pour soutenir ce mouvement, à l'exception de quelques gendarmes à cheval, qui furent détachés sur la droite pour éclairer le flanc de la batterie. Tout à coup ces gendarmes reparaissent, suivis de plusieurs escadrons russes, qui, d'après la situation des lieux, ne furent aperçus et reconnus pour ennemis que lorsqu'ils atteignaient déjà les pièces les plus avancées. Celles-ci les accueillent par une décharge presque à bout portant et se retirent avec précipitation vers la barrière du Trône; mais resserrées dans un étroit espace, elles s'embarrassent entre les pièces qui n'avaient pas encore commencé le mouvement. Les caissons se mettent en travers, et toutes ces voitures se trouvent pelotonnées de telle sorte que la cavalerie ennemie, ne pouvant

(1) *Histoire de l'École Polytechnique.*

pénétrer dans cette barricade, est obligée de la tourner. Alors les élèves parviennent à dégager deux pièces, dont le feu, joint à celui de l'artillerie en position près de la barrière, force les lanciers russes à la retraite.

Au même instant, un escadron de cuirassiers français se met à leur poursuite, leur reprend deux canons qui, aventurés au delà de la route, avaient été abandonnés; et les Elèves, traînant eux-mêmes les pièces demeurées sans chevaux, recommencent le feu, pour ne plus le cesser qu'à la fin de l'action. Il y eut un officier et onze Elèves blessés de coups de sabre ou de lame : le lieutenant Rostan, et les Elèves Deroys, Léger, François, P. Leclerc, Garcerie, Lenfant, Daudelin, Castaignède, D. Villeneuve, Cournaud, Salomon. Six furent emmenés prisonniers : Becquey, Forfait, Dorsenne, Duclos, T. Proust et Payn; huit autres furent blessés par l'explosion de quelques gargousses : Joseph Petit, Bonneton, de Cullion, Dupuis, Honeau, Reydellet, Moultson et Monjaud. — Après une aussi belle défense, ces illustres vélites, qui avaient reçu le baptême du feu, eurent la douleur d'apprendre la nouvelle de la capitulation de Paris. Le bataillon d'Étudiants préposé à la défense de Montmartre, avait également déployé une intrépidité digne d'un meilleur sort. Les Elèves de l'École vétérinaire d'Alfort s'illustrèrent entre tous par leur belle défense à Charenton. Le jeune homme qui les commandait reçut la mort au milieu du pont où il s'était bravement avancé. On voit encore dans l'École d'Alfort un monument élevé à sa mémoire (1).

Lorsque Napoléon revint de l'île d'Elbe et que le sol français fut encore envahi par des milliers de soldats étrangers, les Etudiants, appelés de nouveau à concourir à la défense de la capitale, furent réincorporés en compagnies d'artillerie, exercés à la manœuvre et au tir des bouches à feu, et enfin obligés à un service militaire sous les murs de Paris, jusqu'au 3 juillet 1815, jour néfaste où les Bourbons nous furent imposés par la sainte-alliance.

Cette année, le grand concours n'eut point lieu dans l'Université.

(1) L'histoire, qui plane au-dessus des mensonges de parti, et qui juge les nations endormies pour jamais, l'histoire dira qu'en 1814 Paris ne voulut pas se défendre; que la garde nationale, à l'exception de quelques gens de cœur, ne fit pas son devoir ; que la bourgeoisie enfin, *à part un petit nombre d'Ecoliers valeureux* et de citoyens dévoués, quoique riches, courut au-devant de l'invasion. (Louis Blanc. — Introduction à l'*Histoire de dix ans*.)

Le 27 mars, pendant les Cent-Jours, Napoléon s'était rendu, pour la première et dernière fois de son règne, à l'Ecole Polytechnique qu'il avait passée en revue.

La veille, les professeurs de la faculté de Droit étaient allés aux Tuilleries pour féliciter l'empereur sur son heureux retour, et lui avaient juré : « Qu'ils ne laisseraient échapper aucune occasion de jeter dans le cœur de la jeunesse les semences des idées libérales qui finissent toujours, disaient-ils, par triompher de tous les obstacles qu'on voudrait en vain opposer (1). »

Quelques-uns tinrent noblement parole : ce fut le petit nombre.

(1) L'un de ces professeurs, M. Pardessus, demanda pardon à Louis XVIII, le 22 juin 1822, de ce serment *sacrilége*, et cela, du haut de la tribune de la chambre des députés. Il s'en défendit avec d'autant plus de vivacité qu'on l'accusait de palinodie, parce qu'il avait fait condamner, comme membre du conseil académique, un Etudiant en droit, M. Pierre Grand, qui avait publié un écrit empreint de libéralisme. Cet Etudiant devenu, à son tour, procureur du roi sous la monarchie de Juillet, fut accusé d'apostasie à son tour.

CHAPITRE II.

—

1816-1818. — Sanglante réaction. — Licenciement de l'Ecole Polytechnique. — Troubles de l'Ecole de droit de Rennes. — Organisation des Ecoles à Paris. — Loge des *Amis de la vérité*; — sa déclaration de principes. — Mouvement des universités allemandes. — Fête de la Wartbourg. — Poursuites contre les professeurs. — Détails sur l'assassinat de Kotzebüe. — Carl Sand. — Autre tentative de Lœning, ou Lœhniez. — Conférence contre-révolutionnaire de Carlsbad. — Mœurs des Étudiants de diverses Universités.

Les traités de 1815! souvenir implacable qui pesait sur la génération de cette triste époque! Terrible revanche à prendre tôt ou tard contre la coalition des rois! — N'était-ce point assez, pour la jeunesse, d'avoir frémi au contact de l'invasion, et d'avoir vu campées, sous les murs de Paris, les hordes du Nord?...

Ah! les historiens qui font œuvre de calomnie peuvent fouiller plus avant dans les abîmes de la Révolution; ils peuvent évoquer à loisir la grande fantasmagorie de 93! — Ces hommes, du moins, avaient le salut de la France pour excuse; — ils disaient: « Périsse notre mémoire, mais que la patrie soit sauvée! » puis ils ne tremblaient pas de tracer de leur sang la route qui les menait au sacrifice. Ils tombèrent sous les malédictions, mais ils laissèrent la France puissante et redoutée.

La royauté de 1815, au contraire, au lieu de se faire pardonner l'ignominie dont elle nous abreuva, se rua sur la proie que les Cosaques lui avaient conquise. Elle flaira le plus pur du sang de la France garrottée sur son calvaire et s'en reput à plaisir. Ses plus nobles enfants furent proscrits ou frappés à mort : Ney, Labédoyère, Drouot, Allix, Mouton-Duverney, etc.; le maréchal Brune, assassiné dans Avignon et jeté à la voirie; le général Ramel, égorgé dans son lit à Toulouse; les frères Faucher, *jumeaux de La Réole*, fusillés à Bordeaux; la tête de Didier mise à prix à Grenoble, puis enfin tranchée; l'échafaud dressé à Lyon pour le capitaine Oudin, à Paris, pour les patriotes de 1816. Et, pour couronner ce hideux catalogue, les cours prévôtales, les massacres de Marseille et d'Avignon, les bandes de *verdets* désolant le Midi par le pillage et le meurtre; et au-dessus de tout cela, pour agents responsables, les héros de la terreur blanche, les Truphémi, les Pointu, les Nadaud, les Trestaillon, et plus haut encore, S. M. Louis XVIII battant des mains avec les grands corps de l'État.

Voilà à quelles sanglantes leçons assista la jeunesse de la Restauration. Encore n'est-ce pas tout; nous n'avons vu que le prologue. — Il n'en fallait pas tant pour que la jeunesse des Ecoles, témoin muet et indigné de cet horrible spectacle, y puisât assez de haine pour entreprendre contre le gouvernement cette fameuse croisade qui balança pendant quinze années, sa puissance, et le plaça plus d'une fois à deux doigts de sa perte.

L'opposition vint d'abord de l'Ecole Polytechnique. Le 12 avril 1816, les plus anciens élèves refusèrent de se plier à certaines pratiques religieuses, et particulièrement d'assister à la messe. Un grand nombre d'Elèves de la première année s'associèrent à ce refus. Le gouverneur ayant ordonné d'infliger à plusieurs d'entre eux une simple punition de discipline, les autres s'y opposèrent en demandant que la punition fût générale comme l'avait été la résistance. L'exclusion de quinze élèves fut immédiatement proposée aux ministres de l'intérieur et de la guerre. Le souvenir d'actes d'insubordination qui avaient eu lieu dans l'Ecole en 1810 et 1812, ne laissa aucun doute sur l'existence d'une sorte d'organisation occulte, d'après laquelle les élèves délibéraient entre eux, et prenaient des décisions qui étaient, dit-on, obligatoires pour ceux même qui avaient refusé d'y souscrire. — Le lendemain 13 avril, une ordonnance royale, dont voici le préambule, prononça le licenciement de l'Ecole :

« Nous avions reconnu l'utilité de l'Ecole royale Polytechnique pour le progrès des sciences et des arts, et pour l'amélioration des services publics. Nous avions ordonné à nos ministres de l'intérieur et de la guerre de nous soumettre une nouvelle organisation de cet établissement, afin d'étendre ses avantages, de lui donner un nouvel éclat, et de le porter à la perfection dont il est susceptible. Mais la désobéissance récente et générale des Elèves de cette Ecole aux ordres de leurs chefs, en même temps qu'elle nécessite une prompte répression et un exemple pour l'avenir, vient de nous prouver que ces élèves, s'ils étaient introduits dans les services publics, *y porteraient l'esprit d'indiscipline dont ils sont animés.* »

La réorganisation de l'École Polytechnique eut lieu, le 4 septembre 1816, sous les auspices du plus inepte et du plus pusillanime des princes de la race des Bourbons. L'ordonnance plaçait l'Ecole (dérision !) sous la protection du duc d'Angoulême ! Une de ses dispositions portait que tout candidat à l'École Polytechnique devrait présenter « un certificat des autorités du lieu de son domicile, prouvant qu'il était digne d'y être admis *sous le rapport des principes religieux, du dévouement au roi* et de la bonne conduite. »

Un fait plus significatif encore, quoique isolé, se produisit, en 1817, dans une Faculté de province. Les Elèves de l'Ecole de droit de Rennes se montrèrent froissés dans leurs sentiments par la cérémonie religieuse dite *expiatoire* du 21 janvier, jour anniversaire de la mort de Louis XVI. Il s'ensuivit des manifestations qui déplurent à l'autorité. Le roi nomma, par ordonnance, une commission chargée d'informer contre les Etudiants de cette Faculté ; mais on fut obligé de reculer devant les conséquences de cette répression.

A vrai dire, ce n'est qu'à la fin de 1818 que fut organisé, dans les Ecoles, le mouvement d'ensemble. L'impulsion fut donnée par la loge des *Amis de la vérité*, dont il est nécessaire que nous racontions l'origine (1).

(1) *Paris révolutionnaire* (1re édition), t. 2, p. 450.—Nous empruntons les détails relatifs à l'organisation de cette loge à M. Flottard, qui en fit partie, et dont le témoignage réunit le piquant du récit à la vérité des circonstances.

Le hasard fit se rencontrer dans les bureaux d'une administration secondaire de la capitale quatre modestes commis : le plus âgé (Bazard) avait vingt-quatre ans; les trois autres n'avaient pas, à eux trois, la soixantaine. Ces quatre commis n'avaient point donné leur consentement aux béatitudes de la restauration. Trois avaient combattu les deux invasions sous les murs de Paris; le quatrième était ce qu'on appelait alors *un brigand de la Loire*; tous gardaient rancune à ces singuliers alliés de la France, venus des quatre coins de l'Europe tout exprès pour réintrôniser des princes proscrits, oubliés depuis un quart de siècle, et inconnus à l'immense majorité de la nation... — Ils suivaient les cours du Quartier Latin et conciliaient de leur mieux leurs devoirs bureaucratiques avec le désir de perfectionner leur instruction lycéenne. Mêlés aux Etudiants en droit et en médecine, ils remarquèrent que la jeunesse studieuse de Paris manquait d'un lien commun. Ils savaient que Dieu lui-même a dit : « Il n'est pas bon que l'homme soit seul »; et avaient lu sur une monnaie républicaine cette belle maxime : *l'union fait la force.* Ils comprirent que le patriotisme de la jeunesse pourrait s'attiédir et demeurer stérile en restant individuel. Ils résolurent de faire cesser cet isolement, et conçurent de prime abord la pensée de rallier aux deux grandes masses des disciples de Cujas et d'Esculape les Elèves de l'Ecole Polytechnique, des Ecoles de pharmacie, des mines, des beaux-arts; les clercs d'avoué et du notariat; en un mot les jeunes gens appliqués aux études spéciales. A cette première idée, qui ne venait pas de lui, Bazard, leur doyen d'âge, ajouta celle de rallier aux Etudiants proprement dits cette masse bien plus considérable de jeunes hommes qui, de toutes les parties de la France, viennent à Paris se former aux habitudes commerciales.

« Les Elèves du commerce, disait Bazard, vivent plus isolément encore que les Etudiants; la nature même de leurs occupations doit tendre à affaiblir plus promptement en eux les inspirations juvéniles du patriotisme. Les mettre en contact avec les Etudiants, ce serait leur faire naître le désir de cultiver davantage leur intelligence et les dérober à l'influence de l'égoïsme mercantile dont leurs patrons ne leur donnent que trop l'exemple et le précepte. » — Telles furent les idées qui présidèrent à la fondation de la loge des *Amis de la vérité,* sorte de séminaire patriotique où les quatre commis résolurent de convier la jeunesse parisienne. Trois étaient francs-maçons de bon aloi, c'est-à-dire qu'ils avaient reçu la lumière au milieu des niaiseries sacramentelles prescrites par le Grand-Orient. Le quatrième devint leur frère avec un peu moins de cérémonie. Un mois après, dix Etudiants en droit, dix Etudiants en médecine et dix commis négociants devinrent francs-maçons d'une manière, il faut l'avouer, peu orthodoxe, et raisonnablement contraire aux us et coutumes de la grande famille de maître Hiram. Cette colonie naissante fut, pendant un mois, exercée aux pratiques du cérémonial maçonnique, et mise en état de figurer, sans trop de gaucherie, parmi les plus scrupuleux observateurs du rite écossais. Quatre honnêtes francs-maçons, pourvus de brevets réguliers et zélés propagateurs de la vraie lumière, se joignirent aux trois commis, leur frères légitimes; et, sur la demande de ces sept enfants de la Veuve, le Grand-Orient permit l'établissement d'une loge nouvelle, à l'Orient de Paris, sous le titre distinctif des AMIS DE LA VÉRITÉ. — En moins d'un an, cette loge se composa de plus de mille membres. — Aux pratiques surannées et depuis longtemps insignifiantes des épreuves matérielles et mystico-morales, elle substitua des examens et des discussions où chaque néophyte put s'éclairer sur ses droits et ses devoirs civiques. Ses séances offrirent souvent le spectacle, peut-être unique en France à cette époque, d'une réunion où les questions philosophiques et politiques les plus hardies étaient traitées avec une indépendance qu'on pourrait appeler audacieuse.

Voici quelques extraits d'un projet de déclaration de principes, rédigé par une commission spéciale, pour servir de base aux discussions de principes dans le sein de la loge; la hardiesse de ces propositions contenterait aujourd'hui les plus difficiles :

« ...... Le caractère des vérités est d'être immuable. Les principes de la vraie morale doivent donc reposer, non sur des opinions dont les formes varient suivant les individus, mais sur des bases fixes et inattaquables.

» Les idées métaphysiques sont des opinions explicatives de la nature ; aucune n'est sans contradictions. Les religions sont des idées métaphysiques formulées par des dogmes et un culte ; elles changent par nations et par siècles.

» La morale, au contraire, ne tient ni aux temps, ni aux lieux, ni aux individus. Elle tient à l'espèce humaine tout entière ; car, supposez un homme seul dans le monde, il n'y a plus d'actes moraux ou immoraux.

» La morale est la loi des rapports entre les hommes, et la seule chose, dans tout ce qui est humain, qui ne change pas, étant l'homme lui-même autrement dit son organisation, *cette organisation doit être la base de la morale.*

» De l'organisation, soit physique, soit morale, résultent des facultés qui, toutes voulant être satisfaites, se résolvent en *besoins.*

» Les besoins sont invariables dans leur essence, ils sont absolus ; ils ne varient que dans l'application.

» *Chaque homme*, à l'égard des autres, A DROIT A SATISFAIRE SES BESOINS : ainsi, vivre, exercer une industrie, prendre domicile, se marier, voyager, posséder, communiquer sa pensée, s'instruire, se défendre, sont des droits naturels.

» De ce que chacun possède les mêmes droits il résulte que nul n'a droit à empêcher son semblable, et que tous sont absolument égaux. *Sans l'égalité les droits seraient comme s'ils n'existaient pas.*

» L'égalité entière, pour chaque individu, commence, à l'égard de la société, au moment où il a atteint sa parfaite organisation.

» Nul n'a droit de nuire aux aptitudes d'un autre, autrement d'attenter à son organisation, pour détruire les facultés qui se développeront en lui.

» On est juste toutes les fois qu'on respecte l'égalité ; *on est libre quand on jouit du plein exercice de tous ses droits.*

» La société est le résultat de l'impulsion des facultés naturelles ; et, pour tous, elle est le moyen d'exercer leurs droits.

» Chacun a droit à gouverner, et par suite à déléguer.

» Les lois positives ne peuvent être que des moyens de garantie.

» Toute pénalité consiste dans la privation d'un ou de plusieurs droits ; elle n'est utile que comme moyen préventif.

» Le devoir découle du droit.

» Tout homme, dans l'intérêt de l'espèce humaine, dans l'intérêt de la société, dans celui de son bonheur, de sa vie tout entière et de sa gloire, doit respecter les droits de ses semblables, concourir aux efforts communs de défense, n'oublier jamais qu'il y a quelque chose de commun entre lui et un autre homme, et poursuivre de son mépris et de sa haine toute immoralité, de quelque part qu'elle vienne... »

Les *Amis de la vérité* s'imburent de ces principes et les répandirent au dehors ; ils eurent une doctrine commune, élaborée par eux-mêmes, devenue en quelque sorte leur évangile moral et politique. Au bout de deux années, toute cette masse de jeunes gens qui, auparavant, se connaissaient à peine, furent unis par les liens d'une amitié réelle et d'une confiance absolue. Ils mirent en commun leurs sentiments, leurs espérances et leurs efforts patriotiques...

Le peuple, en juillet 1830, les trouva fidèles à sa cause, et le Panthéon de l'histoire conservera les noms de ces premiers champions de la liberté qui, à Colmar, à Poitiers, à Saumur, à Thouars, à Toulon, à la Rochelle, à Paris, et sur les rives de la Bidassoa, glorifièrent le titre de membre de la loge des *Amis de la vérité*. Le brave Bény, qui, le premier sous la Restauration, se fit un linceul du drapeau tricolore; l'immortel Bories et ses compagnons, furent de dignes adeptes de cette loge.

La jeune Allemagne ne restait pas en arrière des Ecoles françaises. On put même croire, pendant un instant, que les souverains étaient disposés à seconder son mouvement libéral; mais ils agissaient bien plutôt en vue de s'affermir contre la conquête qui les menaçait, que dans des vues sincères d'émancipation. Quelques-uns accordèrent des constitutions à leurs sujets; le roi de Prusse, entre autres, Guillaume III, s'engagea, par une ordonnance du 22 mai 1815, à introduire le gouvernement représentatif dans ses Etats. Le danger passé, il ne tint point parole; et le 1er septembre, jour fixé pour la convocation de la chambre législative, il viola le décret qui l'obligeait à peine de forfaiture. Vainement les Universités réclamèrent; le roi passa outre, en vertu de son bon plaisir.

Les sociétés secrètes d'Etudiants, qui s'étaient formées pour résister à l'oppression étrangère, se tournèrent alors contre les tyrans de l'intérieur, les seuls véritables ennemis de la nation. L'Université d'Iéna donna le signal; et le 18 octobre 1817, eut lieu la mémorable *fête de la Wartbourg*, ainsi appelée du nom du château où elle se célébra. Elle avait été autorisée par le gouvernement de Saxe-Weimar, sous prétexte de l'anniversaire du troisième siècle depuis la réformation. Ce fut là vraiment la fédération républicaine des Etudiants de l'Allemagne; aussi fut-elle considérée par la diète comme une révolte. C'est qu'on avait cherché à y poser les bases de l'unité germanique et d'une vaste démocratie allemande.

De cette communion naquit la fameuse *Ligue des amis (Burschenschaft)*, qui étendit ses *tiges* redoutables à Heidelberg, à Giessen et à Tubingue. Avant de se séparer, les nombreux camarades de la Ligue avaient arrêté le plan général de l'organisation, et on s'était juré solennellement de renverser, *par tous les moyens possibles*, les gouvernements parjures. La fête de la Wartbourg retentit comme un coup de foudre dans les cabinets du Nord, qui s'effrayèrent de cette explosion d'enthousiasme. Dès ce moment la réaction commença. Les souverains se concertèrent pour diriger des poursuites contre les membres de la *Burschenschaft.* Toutes les carrières publiques leur furent d'abord fermées. On entretint ensuite à dessein la division entre eux et les *Landsmannschaften* (*Ligue des compatriotes*) qui secondaient les projets de la Sainte-Alliance. Il s'ensuivit une série de duels sans fin. D'un autre côté, on frappa de destitution ou de détention arbitraire les professeurs qui s'étaient montrés à la fête de la Wartbourg. Le docteur Fries, professeur de métaphysique, fut suspendu de ses fonctions. La persécution s'acharna surtout sur un homme illustre, que le monde savant regardait comme une autorité dans les sciences physiques : c'était le docteur Oken, professeur d'histoire naturelle, à qui les princes ne pardonnaient pas d'avoir donné raison au parti libéral dans la grande discussion sur la nature des constitutions promises à leurs vassaux. Il était, de plus, coupable à leurs yeux d'avoir publié dans son journal l'*Isis* (consacré à l'histoire naturelle), une suite d'articles contre les vues tyranniques de la Sainte-Alliance. La Russie, la Prusse et l'Autriche demandèrent avec instance la destitution du « *jacobin forcené qui avait organisé la révolution au sein de l'Université.* »

Le grand-duc de Weimar, peu enclin aux mesures acerbes, refusa de sévir contre cet homme universellement aimé. Les trois grandes puissances lui firent une apparente concession en stipulant qu'elles laissaient au docteur Oken la liberté d'opter entre sa chaire ou son journal. Celui-ci refusa de se rendre à ces honteuses conditions, en disant que le professeur n'avait point à démentir l'écrivain, et qu'il ne connaissait pas de loi qui déclarât incompatibles les devoirs de l'enseignement et ceux du journalisme.

Il fut enfin destitué, en juin 1819, sans procédure ni jugement préalable. La commission permanente de la chambre législative de Weimar approuva ce coup d'Etat, et la chambre elle-même, au grand étonnement de toute l'Allemagne, en prononça la légalité.

Chéri de ses élèves, le docteur Oken en fut idolâtré après sa disgrâce. Ils lui firent hommage d'une coupe d'or qui portait cette légende :

ON T'A OFFERT DE L'ABSYNTHE,
BOIS DU VIN.

En ce temps vivait à Weimar un homme connu par quelques pièces de théâtre, et surtout par l'exil en Sibérie, auquel l'avait condamné naguère Paul Ier, pour le punir d'avoir publié des écrits révolutionnaires; c'était le trop fameux Kotzebue.

Rentré en grâce à la cour de Russie, après avoir fait marché de son intelligence et de son âme, il avait été successivement scribe politique de l'empereur, consul général en Prusse et attaché aux affaires étrangères; il accepta, enfin, comme retraite, la plus dégradante mission dont un homme puisse se charger. Kotzebue s'était engagé, moyennant une subvention annuelle de 15,000 roubles, à exercer une surveillance secrète sur les menées des Universités de l'Allemagne, et à publier un journal hebdomadaire qui avait pour principal but de décrier les libéraux et de flétrir toute noble pensée. Sur ses notes, dit-on, fut rédigé par M. Stourdra, secrétaire du czar, un libelle contre les révolutionnaires allemands. Il arriva que la copie des rapports que Kotzebue adressait à la cour de Russie tomba entre les mains des Etudiants. Elle contenait une dénonciation en règle contre un conseiller aulique, nommé Luden, directeur du journal *la Némésis*, qui s'empressa de la reproduire tout entière dans sa feuille. Le public était partagé entre le doute et l'indignation, quand Kotzebue poussa le cynisme jusqu'à s'en déclarer l'auteur. Un Etudiant, du nom de Frédéric Carl Sand, qui avait été affilié aux sociétés d'Erlangen, de Tubingen et d'Iéna, résolut de le châtier et d'en finir en même temps avec cet espion. Habitué de bonne heure à la vie des camps, puisqu'il avait quitté ses études en 1815, pour défendre son pays, il faisait preuve, en toute occasion, d'un caractère intrépide. Agé de vingt-deux ans, il ne paraissait pas en avoir dix-sept, et sa figure, encadrée de longs cheveux bouclés, avait la finesse et la douceur des traits de la femme. Ceux qui le connaissaient disaient de lui : « C'est un ange pour la bonté et un démon pour le courage. » Les papiers qu'on trouva chez lui, après l'exécution de son projet, attestent qu'il l'avait conçu à la suite de luttes pénibles avec sa conscience. Dans les premiers jours de 1819, il avait soumis ses intentions aux Etudiants d'Iéna, qui avaient cherché à l'en détourner; il parut écouter leurs conseils, mais n'en demeura pas moins inébranlable dans sa résolution.

Ses amis de l'Université d'Erlangen accueillirent au contraire son dessein avec enthousiasme et l'invitèrent sur-le-champ à venir les trouver, pour se concerter avec eux sur les moyens d'exécution. Sand ne se fit pas attendre, et, dans la matinée du 9 mars, il quitta secrètement Iéna. A son arrivée à Erlangen, les Etudiants lui apprirent que deux camps s'étaient formés dans l'Université; les uns avaient rejeté sa proposition, les autres y adhéraient plus fortement que jamais. On lui parla ensuite d'une réunion qui devait avoir lieu aux environs de la ville, dans une auberge très-fréquentée par les Élèves de l'Université. Dans la pensée que cette réunion aurait pour but d'organiser quelque grand coup de main, Sand ne fit aucune difficulté pour y suivre ses amis; mais il ne fut pas peu surpris, lorsque, arrivés au lieu de leur réunion, les Étudiants lui annoncèrent qu'ils ne pouvaient accepter son dévouement, et qu'on allait tirer au sort pour savoir lequel d'eux frapperait Kotzebue. Sand déclara qu'il les remerciait de leur offre, mais que sa résolution était bien arrêtée et qu'il était décidé à porter lui-même le coup fatal. Les conjurés insistèrent pour qu'il fût tiré au sort, et, sur les refus réitérés de leur camarade, lui firent entendre qu'ils sauraient bien agir sans lui; Sand leur demanda alors le temps de réfléchir, donnant à espérer à ses amis qu'il se résoudrait peut-être à ce qu'ils exigeaient de lui; la réunion fut en conséquence remise à un autre jour. Mais à peine de retour à Erlangen, Sand fit ses préparatifs de départ; il écrivit quelques lettres, se procura deux poignards, et, pour ne pas être prévenu par les autres conjurés, jugea bon de prendre la poste afin d'arriver plus tôt à Manheim, où Kotzebue s'était retiré depuis quelque temps.

Il quitte Erlangen le 18, sans en avoir prévenu ses amis et sans leur avoir fait ses adieux; le 22 au soir, il arrive à Larch, sur la rive droite du Mein. Il s'y repose pendant quelques heures; et comme le lendemain il n'allait pas de voiture publique à Manheim, peut-être aussi comme l'état de sa bourse l'obligeait à voyager économiquement, il loue une place sur un méchant chariot qui le conduit jusqu'au terme de sa route. Il était dix heures du matin lorsqu'il entra, le 23, à Manheim; il descendit à l'auberge du *Weinberg*, et se fit inscrire chez l'hôtelier sous le nom d'Heinrich. Sur-le-champ il s'informa de la demeure de Kotzebue; mais avant de s'y rendre il prit un bain qu'il paya immédiatement, dans l'idée qu'il ne retournerait plus à l'auberge. Lorsqu'il se présenta au domicile de l'espion russe, on le pria de décliner ses noms et ses qualités : « Dites à votre maître, répondit-il, que c'est un député des muses d'Erlangen qui vient pour le voir. » En s'annonçant comme cultivant les lettres, il espérait obtenir plus facilement un entretien de l'auteur de *Gustave Wasa,* qui penserait que, sans doute, il voulait lui proposer l'achat de quelque manuscrit; car Kotzebue n'écrivait pas tous les ouvrages qui parassaient sous son nom.

La démarche de Sand lui parut donc fort naturelle; seulement, comme il était très-occupé et qu'il devait sortir vers l'heure de midi, il lui fit répondre de repasser dans la soirée. Sand n'insista pas. Un peu avant cinq heures, après avoir soldé l'aubergiste, il gagna de nouveau la maison de Kotzebue; des dames entraient en même temps que lui; Sand les salua poliment, échangea quelques paroles avec elles, et les fit passer devant lui (1).

Kotzebue donnait une soirée où l'aristocratie de Manheim avait été invitée. Il était à sa toilette, lorsque Sand se fit annoncer. On pria ce dernier de l'attendre dans une antichambre, où on lui servit du punch, des liqueurs et des gâteaux, et même une pipe avec du tabac de Virginie; mais Sand ne toucha à rien et se plaça près d'une croisée d'où il pouvait voir dans la rue et regarder les passants. Kotzebue, occupé à recevoir ses invités, allait oublier le visiteur, lorsqu'un domestique vint lui rappeler qu'on l'attendait. Sa toilette n'était pas encore achevée, mais il ordonna néanmoins qu'on introduisît l'étranger dans son cabinet.

Sand, en y entrant, n'éprouva pas la moindre agitation. Le calme qu'il avait montré à l'auberge, dans sa conversation avec un prédicateur nommé Karbac, ne le quitta pas à l'instant décisif. Il mit une main dans sa poche et s'avança vers Kotzebue en lui tendant, d'une main, un papier où étaient écrits ces mots :

SENTENCE DE MORT EXÉCUTÉE CONTRE AUGUSTE DE KOTZEBUE, LE 23 MARS 1819.

Et, tandis qu'il lisait d'un air effaré, il lui plongea, de l'autre main, un poignard dans la poitrine. L'arme pénétra par la quatrième côte, et le sang jaillit aussitôt. Kotzebue, en se sentant blessé, poussa un cri, et s'élançant vers Sand, parvint à le saisir par le bras. Ils roulèrent tous deux sur le plancher, et une lutte violente s'établit entre eux; mais elle ne dura

(1) La plupart des détails circonstanciés de cette affaire ont été rapportés par *la Gazette des tribunaux*.

qu'un instant. Epuisé par la perte de son sang, Kotzebue ne tarda pas à succomber sous les efforts de son adversaire, qui le frappa de trois nouveaux coups, dont un atteignit les poumons.

Le bruit de la lutte, et un cri que poussa la victime, font accourir sa femme, sa fille et un domestique, qui n'arrivent que pour le voir expirer. Sand est à genoux à côté du cadavre et le contemple froidement. L'évanouissement de plusieurs femmes, la colère et la douleur des invités qui descendent des salons, semblent ne pas l'émouvoir. Ce n'est qu'au moment où l'on transporte Kotzebue que Sand se lève, et, promenant autour de lui un regard d'une expression effrayante, il murmure d'un air sinistre ces mots : « *Opus consummatum est.* » Puis il s'élance vers la porte, sans qu'il soit possible de l'arrêter, et du haut du perron qui conduisait dans la rue, il crie avec force : « Le traître est mort ! la patrie est sauvée ! « *Vivat Teutonia !* » Entouré bientôt par les voisins et par les passants qu'attirent les clameurs des femmes de la maison le poursuivant du cri *assassin !* Sand se retourne vers celles-ci, et, agitant son arme ensanglantée, il dit : « Oui, je suis le meurtier, et c'est ainsi que tous les traîtres doivent périr. » Alors il s'agenouille, lève les mains au ciel, et ajoute avec un accent inspiré : « Dieu ! je te rends grâces de m'avoir permis d'achever cette action ! » Ouvrant aussitôt ses habits, il s'enfonce son arme dans le sein et tombe sans mouvement.

Une foule immense s'était rapidement portée autour du théâtre de l'attentat qui venait d'être commis. On porta Sand à l'hospice qui était proche. Deux sentinelles furent postées à côté de lui. En le déshabillant, on ne trouva sur lui qu'un large ruban bleu, avec cette devise : *Vita et mors*, mot d'ordre terrible et mystérieux des sociétés secrètes, leur enseignant d'une manière elliptique que l'Allemagne ne serait vivante et libre qu'après l'immolation des traîtres et des oppresseurs. Ainsi, dans la pensée de tous les initiés, la vie découlait de la mort. — Le papier que Sand avait montré en tentant de se suicider, contenait une proclamation énergique, avec ce titre : *Coup mortel pour Auguste de Kotzebue. La vertu est dans l'union et dans la liberté*. Sand y déclarait qu'il regardait comme un devoir sacré de délivrer sa patrie du traître qui la déshonorait. Du reste, il ne disait rien donnant à supposer qu'il eût des complices ; il s'efforçait, au contraire, de prouver qu'il n'avait fait part à personne de son projet.

Ce ne fut que le lendemain de l'attentat que Sand recouvra la parole. Les réponses qu'il fit répétaient les termes mêmes de sa proclamation. Tous les efforts de la cour de justice de Manheim pour lui arracher des aveux furent inutiles. Cependant il ne fit aucune difficulté pour dire son véritable nom et renseigner les juges sur ce qui le concernait personnellement. Un réquisitoire fut aussitôt envoyé à la cour de justice d'Iéna pour l'inviter à apposer les scellés sur les effets de Sand. On fit, dès le 25, des recherches dans ses papiers; mais elles n'amenèrent aucun résultat. On ne trouva que quelques lettres par lesquelles il annonçait à ses amis sa résolution, et qu'il avait cachées dans son secrétaire.

Une de ces lettres, entre autres, commençait par ces mots : « Je vais au-devant de ma destinée, qui est l'échafaud. » Sand, en reprenant ses sens, avait surpris les personnes qui l'entouraient par une preuve de sensibilité qu'elles n'attendaient pas de sa part : tout en persistant à dire qu'il ne se repentait pas de son action, il n'avait pu s'empêcher de verser des larmes en parlant de la famille de Kotzebue, qu'il avait plongée dans le désespoir. Cette circonstance intéressa vivement en sa faveur. D'autres témoignages qu'il donna encore de la noblesse de ses sentiments ne tardèrent pas à le relever aux yeux du public ; on s'empressait de tous côtés pour le voir. Mais le 27 au soir il fut pris d'une fièvre violente, et ses médecins s'opposèrent dès lors à ce que ces visites continuassent. Il passa toute la journée du 28 en proie au délire. Tout ce qu'il disait était sans suite et inintelligible. On remarqua seulement qu'il prononçait souvent les noms de Caton et de Brutus; ce dernier nom surtout errait à tout moment sur ses lèvres. En revenant à lui, Sand voulut arracher les bandages qui entouraient ses blessures. On ne parvint à l'en empêcher qu'en employant la force. De nouveaux interrogatoires eurent lieu alors, mais sans plus de résultat que les premiers.

Sand déclarait toujours qu'il avait lui seul conçu l'idée de son crime, qu'il n'avait pas de complice. L'information préliminaire n'ayant pas paru suffisante, on jugea nécessaire de former une commission spéciale, qui se composa de juges du premier rang, et eut pour président le chancelier du tribunal supérieur aulique, M. de Hohenhorts. Cette commission commença sur-le-champ ses fonctions. Le 5 avril, Sand fut tiré de l'hospice et transporté dans une prison voisine, qui servait de maison de correction ; il s'évanouit en chemin et ne reprit ses sens qu'après plusieurs heures. Sur l'avis de ses médecins, à la tête desquels se trouvait le professeur Chelins d'Heidelberg, on usa à son égard des plus grands ménagements, car il était très-faible. On cessa de lui faire subir d'aussi fréquents et d'aussi longs interrogatoires que dans les premiers temps; on ne laissa plus pénétrer que fort rarement les étrangers dans sa prison; on éloigna de lui tout ce qui était de nature à l'irriter. Sand se plaignait vivement de ces soins et de ces précautions qui ne pouvaient servir qu'à prolonger de quelques mois son agonie. M. Chelins lui ayant parlé d'une opération au moyen de laquelle il espérait le sauver, il repoussa avec force cette proposition, déclarant qu'il regardait la mort comme le seul remède à sas tortures.

On lui avait permis, pour adoucir l'horreur de sa situation, la lecture de ses deux auteurs favoris, Kœrner et Schiller; il lisait aussi beaucoup la Bible. L'instruction de son procès se termina le 3 septembre. Les actes furent transmis le 10 novembre à la cour de justice de Manheim. On donna pour défenseur à l'accusé le licencié Ruttger; mais devant ses juges il porta toujours lui-même la parole. Les discours qu'il prononça sont des chefs-d'œuvre d'éloquence. Malgré son épuisement et ses souffrances, il ne cessa de montrer l'énergie la plus extraordinaire. Le 5 mai 1820, sa condamnation à mort fut enfin prononcée; le grand-duc ratifia l'arrêt, et, le 20 mai, à cinq heures du matin, on vint annoncer à Sand qu'il n'avait plus qu'une demi-heure à vivre. Sand apprit cette nouvelle avec le plus grand calme. On lui proposa de faire appeler un pasteur pour l'assister dans ses derniers moments: « Je vous remercie, dit-il; ce » n'est pas que je repousse les secours de la religion, mais » mon âme est pure, et elle n'a pas besoin de soutien pour » aller rejoindre son créateur. » Il demanda ensuite une rose; on ne fit aucune difficulté de se rendre à son désir. Après avoir considéré un instant la fleur qu'on lui apporta, il se tourna vers les personnes qui l'entouraient: « Qu'il fait beau, dit-il, de mourir ainsi au printemps! » Puis il fit ses adieux à ses médecins et à son geôlier, et sortit d'un pas ferme de sa prison.

Une foule immense bordait des deux côtés les rues qu'il devait traverser; elle gardait un morne silence. Plusieurs fenêtres étaient tendues de crêpes; beaucoup de maisons avaient leurs volets fermés. Sand parut vivement touché de ces témoignages d'intérêt. Arrivé sur la place de l'exécution, il manifesta le désir d'adresser une allocution au peuple; mais le président de la cour de justice, auquel il avait promis sur l'honneur de n'en rien faire, lui rappela sa parole, et lui demanda s'il voulait mourir parjure. Sand ne répliqua pas, et jetant un dernier regard autour de lui, il tendit sa tête au bourreau.

En ce moment, un grand nombre d'Étudiants de Heidelberg arrivèrent sur le lieu du supplice. La veille, le bruit avait été répandu que Sand ne pourrait être exécuté qu'à dix heures; trompés par cette fausse nouvelle, les Etudiants s'étaient seulement mis en route à la pointe du jour, et n'apprirent ce qui se passait qu'en entrant à Manheim. Lorsqu'ils arrivèrent, le bourreau montrait déjà au peuple la tête sanglante de leur malheureux camarade. A cet affreux spectacle, ils ne furent plus maîtres de leur émotion; les cris de *Vive la liberté! à bas la tyrannie!* partirent de tous les coins de la place. La foule ne tarda pas à prendre part au mouvement; on se précipita sur l'échafaud, qui fut brisé en un instant. Les Étudiants trempèrent leurs mouchoirs dans le sang de Sand. Il se fit un tumulte effroyable, et la police fut obligée d'intervenir pour y mettre un terme. Sand fut enterré dans le même cimetière où reposait déjà la dépouille mortelle de Kotzebue. De nouveaux troubles signalèrent cette cérémonie; toute la population de Manheim s'empressa sur sa tombe. Les fragments de l'échafaud de Sand, qui étaient tachés de quelques gouttes de son sang, furent recueillis comme des reliques; les jeunes gens et même beaucoup de dames en firent enchâsser des morceaux dans des bagues et des bijoux; les autres parties de l'échafaud servirent pour la construction d'une gloriette qu'on éleva au sommet d'une jolie colline, dans les environs de Heidelberg, et qui existe encore aujourd'hui.

Les Universités se déclarèrent hautement en faveur de Carl Sand, qui fut regardé comme un martyr. Un grand nombre de journaux osèrent même prendre sa défense et faire l'apologie de son action. L'exaltation des esprits était grande. La *Burschenschaft* prépara en secret une nouvelle assemblée générale des Etudiants, à l'instar de celle qui avait été tenue à Wartbourg. Seulement, cette fois, la réunion devait avoir lieu à Berlin. Ce congrès, qui devait avoir l'apparence d'une fête, fut prohibé par le gouvernement. On arrêta un grand nombre de professeurs accusés d'être membres de la *Burschenschaft*. Jahn, qui, en 1813, avait rendu des services si importants à l'Allemagne, par la création des écoles publiques de gymnastique, fut traîné de prison en prison. Tous les Etudiants soupçonnés d'avoir fait partie des sociétés secrètes, furent déclarés inhabiles à passer leurs examens et à occuper les emplois relevant du gouvernement. L'empereur de Russie, qui était l'un des moteurs de ces persécutions, défendit à ses sujets, sous les peines les plus sévères, de fréquenter les cours des Universités allemandes. En un mot, la réaction prit un caractère de violence extrême. On sait, du reste, que les fameuses conférences des représentants des trente-huit Etats de la confédération, à Carlsbad, eurent pour effet, non-seulement de restreindre la liberté de la presse et de la soumettre à la censure, mais encore et surtout de contenir les Universités. Une commission extraordinaire de sept membres, instituée à Mayence, fut chargée de surveiller les menées révolutionnaires et de s'immiscer aux plans des sociétés secrètes.

Le supplice de Carl Sand n'empêcha pas, quelques mois après, le 17 juillet suivant, un autre Étudiant du nom de Lœssing ou Lœhniez de s'introduire auprès de M. Ibel, président de la régence du duché de Nassau, et de lever sur lui un poignard. Le président parvint, après une assez longue lutte, à le lui arracher des mains et à obtenir des secours du dehors. On s'empara de Lœhniez qui, jeté en prison, se suicida à l'aide d'un verre qu'il brisa entre ses dents et dont il avala les morceaux.

On peut lire dans tous les journaux de cette époque que M. Kampty, conseiller rapporteur de la haute police de Berlin, faisait garder jour et nuit ses appartements par des gendarmes et portait constamment sur lui deux paires de pistolets. Cet exemple, pris entre soixante du même genre, donnera une idée de la panique qui dominait alors les souverains de l'Allemagne et leurs agents.

Nous venons de voir le côté sérieux de la jeune Allemagne; examinons-la maintenant dans sa vie intime, sous un aspect aussi vif, aussi pittoresque, mais plein d'une gaieté bruyante et un peu crue, tant elle est franche.

Disons d'abord que les Etudiants, en général, étaient divisés, comme ils le sont encore aujourd'hui, en deux grandes catégories : les *Renards* (novices, conscrits, Etudiants de première année), et les *Vieilles-Maisons* (vétérans, Etudiants de dixième et même de quinzième année).

Les mœurs des diverses Universités allemandes étaient assez tranchées à cette époque pour que nous en donnions une esquisse (1). — A *Heidelberg*, l'Etudiant passait pour moins laborieux que dans les autres Universités, pour aimer

(1) Mœurs universitaires en Allemagne. *Revue britannique*, octobre 1828.

à bien boire, à s'amuser, à se promener à cheval et à chasser. L'Etudiant de *Munich*, sombre et peu sociable, n'avait que deux passions : la bière et les femmes. L'Etudiant d'*Iéna* avait un caractère tout différent; grand, bien fait, vigoureux, il excellait aux exercices gymnastiques, et c'était le roi de la ville; tapageur au suprême degré, il aimait à assiéger les maisons des bourgeois, des *philister* (Philistins), terme qui répond à celui d'*épicier* que nous employons si souvent en France. Chose singulière! tout en s'enivrant de bière, ils suivaient presque tous fidèlement l'article 34 du code de la *Burchenschaft*, qui prescrivait la chasteté. A *Gœttingue*, les Etudiants étaient bons cavaliers mais bretteurs; ils buvaient autant que les autres, mais à la bière ils préféraient le vin et le punch. Ils étaient aussi plus riches, moins épais et moins grossiers. En 1818, un de leurs camarades ayant eu une altercation avec un boucher, un soulèvement général eut aussitôt lieu; et, sans l'infanterie, les hussards de la ville auraient été battus. Ceux de *Halle* avaient l'habitude de se battre avec les soldats de la garnison. Il fallut un règlement pour les empêcher. A *Leipzick* et à *Berlin*, l'Etudiant possédait moins l'esprit de corps; mais, dans cette dernière Université, la manie des duels était poussée si loin, qu'en juillet de la même année, le gouvernement fut obligé de prendre des mesures sévères contre les duellistes, qui les bravèrent en gardant mieux le secret.

CHAPITRE III.

—

1819. — Agitation dans la jeunesse des colléges. — Troubles du cours de procédure criminelle à l'Ecole de droit de Paris. — Arrestations. — M. Bavoux devant la cour d'assises. — Article de Châteaubriand contre la jeunesse dans *le Conservateur*. — Testament politique et social de Châteaubriand.

Au commencement de 1819, des symptômes d'agitation se manifestèrent non-seulement dans la jeunesse des Ecoles libres, mais encore dans celle des colléges. A Paris, les Elèves du collége Louis-le-Grand en appelaient à la force révolutionnaire des décisions de l'autorité et exposaient leurs principes dans des proclamations. Les mêmes faits se reproduisirent au collége de Nantes. Presque en même temps, des troubles semblables eurent lieu à Montpellier, à Rennes, à Bordeaux, à Périgueux, à Vannes, à Caën, à Lyon et à Tournon. La cause principale de cette effervescence était le régime de dévotion auquel on voulait soumettre ces Elèves qui avaient été habitués à une discipline toute contraire dans les lycées impériaux.

Le 4 février, à la suite de manifestations qui durèrent deux jours, les Etudiants en médecine de Montpellier quittèrent l'Ecole en masse pour se retirer dans leurs familles. C'était la première fois, depuis *neuf siècles*, que cette Faculté était déserte.

Le pouvoir alla jusqu'à incriminer l'enseignement d'un professeur de l'École de Droit de Paris.

Une ordonnance royale rendue le 24 mars 1819, sur la proposition de la Commission d'instruction publique, établissait des chaires de Droit de la Nature et des Gens, de Droit public, d'Économie politique et d'Histoire philosophique du Droit romain et du Droit français. Il semblait que l'intention qui avait présidé à cette création était d'élargir l'enseignement et de favoriser ses progrès.

M. Bavoux, juge au tribunal de première instance et professeur suppléant de Législation criminelle, crut pouvoir élever son cours à la hauteur de l'esprit philosophique. Il sentait la nécessité de former pour l'avenir des hommes en rapport avec l'avancement des idées, qui pussent soutenir le renom de la tribune politique et se montrer dignes interprètes des lois. Etablissant les principes sur lesquels reposent la liberté et la sûreté des personnes, il démontra que le gouvernement despotique avait négligé ces principes dans la confection de ses codes, surtout dans la rédaction du Code pénal. Il s'éleva avec éloquence contre la barbarie du secret et contre toutes mesures préventives de ce genre sanctionnées au profit de l'arbitraire et de la tyrannie.

Le cours de M. Bavoux était suivi avec empressement, ce qui déconcertait les ultrà-royalistes. Ils résolurent de faire du désordre et d'en tirer profit contre le courageux professeur. A la quatrième leçon, le mardi 29 juin, quelques sifflets se firent entendre au milieu des applaudissements presque unanimes des élèves. Les cris : *A bas les siffleurs !* s'élevèrent de toutes parts. La majorité des auditeurs, qui étaient montés sur leurs bancs, empêchèrent le professeur de voir une rixe qui s'était engagée à l'extrémité de la salle. On fit sortir le siffleur ; le calme, un instant troublé, se rétablit.

Sur ces entrefaites on voit arriver le doyen, M. Delvincourt. Le bruit recommence de plus belle. Aussitôt le doyen interpelle l'auditoire et lui dit : « Messieurs, j'ai écrit à la commission pour lui rendre compte de tout ce qui se passe ici depuis huit jours ; elle ne m'a point encore répondu. J'attends une réponse, et en attendant... je suspends le cours de procédure. » Pareille mesure était mal calculée pour rétablir l'ordre. M. Bavoux protesta avec calme contre cet abus d'autorité. M. Delvincourt venait, en effet, de créer un précédent dont il n'existait point d'exemple. Aussi, lorsqu'il quêta l'approbation de ses collègues, éprouva-t-il un refus de la part de deux professeurs très-estimés, MM. Morand et Catelle. M. Bavoux, joignant la conscience de sa dignité au sentiment de son devoir, avait déclaré qu'il ne suspendrait pas son cours sur une interdiction verbale, mais qu'il attendrait avec confiance un arrêté en forme de la Commission de l'instruction publique.

Une nouvelle leçon devait avoir lieu le 1er juillet. — Pendant la nuit on avait effacé l'inscription : *Ecole de droit*, pour y substituer ces mots : *Ecole du Ministère*. — L'affluence des élèves était plus considérable que jamais ; mais l'arrêté suivant était affiché sur la porte de l'Ecole :

« La Commission, instruite du désordre qui a eu lieu au cours de Procédure, le 29 juin dernier, et qui n'a pu cesser que par la suspension provisoire du cours, prononcée par le doyen de la Faculté, arrête ce qui suit :

Art. 1er. La conduite du doyen est approuvée.

Art. 2. Le sieur Bavoux, suppléant de la Faculté de Droit, chargé du cours de procédure civile et criminelle, est suspendu de ses fonctions. La Faculté recherchera, constatera les causes et les circonstances du désordre ; elle en rendra compte à la Commission.

Signé, pour copie conforme,

Le secrétaire général, PETITOT.

La lecture de cet arrêté augmenta le mécontentement et occasionna des scènes tumultueuses. La force armée intervint. Un Elève, arrêté par un officier de police, fut délivré par ses camarades.

A trois heures de l'après-midi, les Étudiants, restés au nombre de six à sept cents dans l'intérieur de l'École, se concertaient pour adresser une pétition à la chambre des députés. Ils conféraient aussi entre eux sur ce qu'ils avaient à faire relativement à un journal qui les accusait d'avoir crié : *A bas le drapeau blanc !* lorsque le commandant de la gendarmerie se présenta aux portes. Les Élèves le laissèrent entrer seul, sans permettre à son escorte de l'accompagner. Ils lui demandèrent s'ils devaient se considérer comme étant en état de siége, d'après le développement de forces qui les entouraient, quand toutes les rues adjacentes étaient cernées et occupées par des postes de gendarmes. Le commandant leur répondit que les rassemblements étant défendus, ils devaient se séparer.

A quatre heures, on vit arriver à l'École de Droit le préfet de police et le procureur du roi, M. Jacquinot de Pampelune. Sur la promesse formelle faite par ce dernier de rendre sur l'heure justice aux Élèves arrêtés, leurs camarades se séparèrent et rentrèrent paisiblement chez eux.

Pendant ces troubles, on arrêtait au hasard ceux que leurs affaires amenaient dans le quartier et jusqu'aux passants étrangers à tout ce qui venait d'arriver. MM. Després, répétiteur à l'École Polytechnique (1), et Valeray, directeur du collége Henri IV, se trouvèrent ainsi détenus sans savoir pourquoi, ainsi qu'un jeune homme portant une casquette rouge, que les journaux royalistes ne tardèrent pas à transformer en bonnet rouge. Un Étudiant en Droit, connu pour quelques travaux littéraires, M. Buchon, fut appréhendé à son domicile, rue de Tournon, sans qu'on lui donnât le temps d'écrire à ses parents.

Fidèle aux habitudes impériales, la Commission de l'Instruction publique rendit sur l'heure un second arrêté ainsi conçu :

« 1er juillet 1819.—La Commission, sur le compte qui lui a été rendu du tumulte, des voies de fait et des actes de violence qui ont troublé aujourd'hui l'Ecole de Droit et rendu l'intervention des magistrats nécessaire, arrête ce qui suit :

» Art. 1er. L'Ecole de Droit est provisoirement fermée.

» Art. 2. Il ne sera point accordé d'inscription pour le trimestre de juillet ; celles qui auraient été reçues aujourd'hui sont annulées.

» Art. 3. Les examens et actes publics sont suspendus jusqu'à ce qu'il en ait été autrement ordonné.

» Signé : ROYER-COLLARD, président.

» Pour le secrétaire général : GUENEAU DE MUSSY.

» Pour copie conforme, le doyen de la Faculté : DELVINCOURT. »

Etrange contradiction ! les mêmes hommes qui proscrivaient le culte de l'Empire, en venaient à poursuivre un pro-

(1) De pareilles erreurs eurent lieu en 1845, à la suite de la manifestation chez M. Quinet.

fesseur parce qu'il avait attaqué lui-même l'impérialisme dans ses écarts de législation ! — C'est que toutes les tyrannies sont solidaires. — Ceux qui rêvaient la restauration de la monarchie féodale défendaient les débris de l'absolutisme napoléonien comme une forteresse où ils pourraient se retrancher au besoin contre les attaques du parti libéral.

Les Elèves de l'Ecole de Droit adressèrent à la chambre une pétition tendant à obtenir la réouverture du cours de M. Bavoux. Elle fut appuyée à la tribune par MM. Daunou, Benjamin Constant et Chauvelin. Mais la chambre passa à l'ordre du jour.

Pendant ce temps, un véritable procès de tendance s'instruisait contre M. Bavoux. On alla jusqu'à mettre les scellés sur son cabinet. L'Université, qui a une juridiction légale sur ses membres, se plaignit vivement, en cette occasion, de l'excès de pouvoir que commettait l'autorité judiciaire. Le conflit du Conseil royal et du parquet devenait inévitable. En effet, pendant que le conseiller Moreau apposait les scellés sur les papiers de M. Bavoux, ce dernier recevait une lettre du doyen Delvincourt qui lui demandait communication officielle de ses manuscrits.

La cour royale de Paris trancha la question en renvoyant M. Bavoux devant la cour d'assises de la Seine comme prévenu 1° de provocations, par discours proférés en lieu public, à la désobéissance aux lois; 2° d'attentat dont le but était d'armer les citoyens les uns contre les autres ; 3° d'attaque et de résistance avec violences et voies de fait envers la force publique.

Le procureur général Bellart fut chargé de dresser l'acte d'accusation; plus que jamais, dans le réquisitoire, l'exagération le disputa au ridicule. Il incrimina jusqu'aux ratures des manuscrits. « Les ratures, la poudre dont elles étaient saturées, et qui fait éprouver au doigt le contact d'un corps grumeleux, cachaient certainement plus d'un délit. » Voilà quels étaient les élements de conviction ! Dans les chansons de Béranger, on incriminait les points; on alla plus loin pour M. Bavoux. Chaque rature de ses manuscrits était grosse d'un attentat. On l'accusa d'avoir justifié la Convention et attaqué les émigrés. « Il déclame, disait M. Bellart, contre la peine de mort ! »

L'accusation descendit jusqu'aux plus mesquines rancunes contre l'honorable professeur et le traita en Ecolier. « Elle le chapitra sur le désordre du matériel, dit *le Constitutionnel*, le gourmanda sur la surcharge du contexte, le tança sur la souillure du papier, et le semonça sur sa composition lourde et laborieuse. »

Le crime imputé à M. Bavoux était de s'être élevé contre la section entière du code pénal relative à la *révélation* des crimes qui compromettent la sûreté de l'Etat. Il blâmait, en général, le système d'obliger, sous des peines, à la révélation. Le secret des lettres devait être inviolable en toute circonstance. Enfin il trouvait *immorales* les visites domiciliaires faites sans motif. Et c'était la veille même du jour où son domicile devait être violé, qu'il protestait, par une sorte de pressentiment, contre la violation du domicile.

M. Dupin avait publié un mémoire remarquable, sous le titre : *Observations préliminaires sur l'affaire Bavoux.*

M. Persil entreprit la défense du courageux professeur, et M. Bavoux démontra lui-même qu'on avait saisi le prétexte de son enseignement particulier pour attaquer l'enseignement public. « On a voulu commencer avec moi, disait-il, la guerre déclarée à cette belle ordonnance qui a introduit des cours de droit public, de philosophie du droit et d'économie politique. Comment recevoir une ordonnance qui, agrandissant le domaine des sciences, a porté le flambeau des lumières pour mettre au grand jour les vérités qu'on réprouve; établit un parallèle inquiétant entre les professeurs anciens et les professeurs nouveaux, et, pour comble de tous les maux, menace le décanat dans les mains de celui qui en est investi, et diminue le riche patrimoine dont on s'était cru toujours en possession ? » M. Bavoux dénonçait, par ces paroles, chaque fil de la trame ourdie contre l'enseignement philosophique, et, en particulier, contre le professorat indépendant. Il fut acquitté, et l'arrêt d'acquittement fut prononcé au bruit d'applaudissements unanimes.

Peu de temps après, la Commission de l'instruction publique rend un arrêté (8 septembre) par lequel elle *censure* la conduite de M. Bavoux, « pour s'être écarté des règles de la » prudence requise dans les maîtres de la jeunesse. » Cet arrêté, contre-signé Royer-Collard, était son dernier acte administratif, et équivalait, pour M. Bavoux, à une destitution. De plus, c'était une grave atteinte portée à la souveraineté du jury, et une insolente critique de son verdict ; l'arrêté de la Commission cassait implicitement le jugement de la cour d'assises. De fait, M. Bavoux avait été placé sous le coup de deux justices qui s'étaient disputé tout d'abord la prééminence. On avait épuisé contre lui tous les moyens de le frapper.

M. de Chateaubriand, dans un article du *Conservateur*, attribua les troubles de l'Ecole de Droit aux principes mêmes du gouvernement représentatif, « au système général qui explique la charte *dans le sens de la démocratie*, à l'esprit de désordre et d'anarchie qui s'est glissé dans les maisons d'éducation, aux journaux et aux pamphlets *jacobins* qui sont tombés dans les mains de la jeunesse; ce qui fait que les Elèves ont commencé par se pendre d'ennui, et qu'ils ont fini par se révolter pour se désennuyer. » L'écrivain royaliste ajoutait qu'il n'y avait point d'enseignement en France lorsque Bonaparte organisa son Université. Il traitait de *barbare* la jeunesse de cette époque. « Il mit, dit-il, à la tête de ses *jeunes barbares* l'écrivain (de Fontanes) dont le goût chaste et le talent pur rappelaient davantage les beaux siècles de Virgile et de Racine. »

M. de Chateaubriand accusait ensuite M. Royer-Collard, chef de l'instruction publique, « d'élargir la voie au torrent que M. de Fontanes avait resserré par de fortes digues. » Il insinuait encore « que les quinze cent mille jeunes Français qui étaient entrés dans le monde depuis la Restauration, ne croyaient pas en Dieu, ne reconnaissaient pas le roi, et n'obéissaient pas à leurs pères. »

Il y avait du fiel dans ces pages; on y reconnaissait bien le chevalier de la vieille royauté, dévoué à son Dieu et à son roi; le sectaire féodal qui rêvait pour le lendemain la société du moyen âge ; le poëte qui poursuivait une illusion impossible. Encore tout cela se contrariait-il et finissait-il par disparaître dans le journaliste qui, du raisonnement passait au dépit, et devenait un polémiste acerbe, étroit et ergoteur. Ce n'était plus là le grand écrivain dont le style avait l'éclat et l'ampleur d'une magnifique draperie, et dont la pensée jaillissait comme l'éclair qui fend la nue.

Qui donc avait raison alors, de lui ou de cette jeunesse qu'il anathématisait?... L'avenir a prononcé entre eux!

Un jour l'écrivain qui avait fait de sa plume une épée au service de la monarchie, se trouva abandonné d'elle, comme jadis il avait été abandonné de la papauté, quand il avait écrit le *Génie du Christianisme* au milieu des ruines de toutes les religions. Alors, le passé qu'il avait adoré lui apparut comme un sépulcre vide; il se mit à regarder devant lui, et de sa plume il brisa le sceptre de la Restauration. Vieillard, les approches de la mort ne glacèrent pas son génie; il entrevit l'aurore nouvelle par-delà le drap noir et la salua, pour ainsi dire, de l'autre côté de sa tombe.

Vous avez entendu tout à l'heure le Géronte royaliste du

Conservateur gourmander la jeunesse de son jacobinisme.... Voici maintenant, à la veille de mourir, le testament qu'il lègue aux petits-fils de Voltaire, de Jean-Jacques et de la Révolution :

« La société, telle qu'elle est aujourd'hui, n'existera pas. A mesure que l'instruction descend dans les classes inférieures, celles-ci découvrent la plaie secrète qui ronge l'ordre social depuis le commencement du monde, plaie qui est la cause de toutes les maladies et de toutes les agitations populaires. La trop grande inégalité des conditions et des fortunes a pu se supporter tant qu'elle a été cachée d'un côté par l'ignorance, de l'autre par l'organisation factice de la cité ; mais aussitôt que cette inégalité est généralement aperçue, le coup mortel est porté.

» Recomposez, si vous le pouvez, les fictions aristocratiques ; essayez de persuader au pauvre, quand il saura lire, au pauvre à qui la parole est portée chaque jour par la presse, de ville en ville, de village en village ; essayez de persuader à ce pauvre, possédant les mêmes lumières et la même intelligence que vous, qu'il doit se soumettre à toutes les privations, tandis que tel homme, son voisin, a, SANS TRAVAIL, mille fois le superflu de la vie ; vos efforts seront inutiles ; ne demandez point à la foule des vertus au delà de la nature.

» Un avenir sera, un avenir puissant, libre dans toute la plénitude de l'égalité évangélique ; mais il est loin encore, loin, au delà de tout horizon visible ; on n'y parviendra que par cette espérance infatigable, incorruptible au malheur, dont les ailes croissent et grandissent, à mesure que tout semble la tromper, par cette espérance plus forte, plus longue que le temps et que le chrétien seul possède. Avant de toucher au but, avant d'atteindre l'unité des peuples, la DÉMOCRATIE NATURELLE, il faudra traverser la décomposition sociale, temps d'anarchie, de sang peut-être...

» Il n'y avait qu'une seule monarchie en Europe, la monarchie française ; toutes les autres en étaient filles, toutes s'en iront avec leur mère. Les rois, jusqu'ici, à leur insu, avaient vécu derrière cette monarchie de mille ans, à l'abri d'une race incorporée, pour ainsi dire, avec les siècles. Quand le souffle de la révolution eut jeté à bas cette race, Bonaparte vint ; il soutint les princes chancelants sur des trônes par lui abattus et relevés. Bonaparte passé, les monarques restants vivent tapis dans les ruines du Colysée napoléonien, comme les ermites à qui l'on fait l'aumône dans le Colysée de Rome ; mais bientôt ces ruines mêmes leur manqueront... Tout s'en va ; il ne sort pas aujourd'hui un enfant des entrailles de sa mère qui ne soit un ennemi de la vieille société (1). »

(1) Conclusion des *Considérations sur le Génie des Révolutions.*

CHAPITRE IV.

—

1820. — Troubles à l'Ecole de Médecine de Paris. — Manifestation de l'Ecole de droit de Grenoble. — Rassemblements du mois de juin. — Promenades des Etudiants libéraux. — Meurtre du jeune Lallemand. — Ses funérailles. — Conspiration du 20 août. — *La Compagnie franche des Ecoles.*

Immédiatement après la suspension de l'Ecole de Droit, on trouva plusieurs placards affichés sur la porte de la Sorbonne, excitant les Etudiants à l'insurrection.

L'Ecole de Médecine eut aussi ses troubles. Le 27 novembre, à l'issue d'une leçon, quelques Etudiants annoncent qu'on va donner lecture d'une pétition faite pour demander à la chambre des députés le maintien de la loi des élections. L'auditoire applaudit en masse. Au milieu des bravos, un Etudiant se présente à la chaire, la pétition à la main.

Quelques spectateurs, restés couverts, sont obligés de céder aux cris : « A bas les chapeaux ! » — Alors l'orateur commence à lire les premières lignes de la pétition :

LES ÉTUDIANTS DE LA FACULTÉ DE MÉDECINE DE PARIS
AUX REPRÉSENTANTS DE LA NATION FRANÇAISE.

« Messieurs, un bruit sourd que la rumeur populaire semble confirmer, annonce qu'un ministre ose porter une main sacrilége sur notre pacte social... » A cet instant, le doyen, M. Leroux, entre dans la salle et interrompt l'orateur ; mais il a beaucoup de peine à obtenir le silence.

La Commisson de l'instruction publique, sur le rapport du doyen, prend un arrêté disposant qu'il est interdit à tout autre qu'aux professeurs et aux Étudiants interrogés par eux de prendre la parole dans les auditoires, ainsi que dans l'enceinte des Facultés.

En même temps, *le Journal de Paris* dénonçait les manœuvres du parti libéral pour soulever les Ecoles de Droit et de Médecine *en faveur de la charte*. Il livrait surtout aux sévices de tous les procureurs du roi un dîner *futur*, « où l'on devait supprimer un toast à la santé du roi !!!... »

Le duc d'Angoulême, à son arrivée à Grenoble, le 8 mai 1820, fut accueilli par les cris de : « Vive la charte ! vive la constitution ! » qui couvraient celui de « Vive le roi ! » Les Etudiants en droit étaient les auteurs de cette manifestation. Cinq d'entre eux furent arrêtés et relâchés ensuite. M. de Corcelles protesta en leur nom, le 5 juillet, à la tribune.

La discussion sur la loi des élections jetait de la fermentation dans la capitale. C'était le lendemain du procès à la souscription nationale en faveur des victimes des attentats à la liberté individuelle ; à la veille de l'affaire Louvel, le meurtrier du duc de Berri.

Tous les jours, des groupes nombreux, composés en majeure partie d'Etudiants, se réunissaient devant le péristyle du Palais-Bourbon. Le 31 mai, les jeunes gens reconnurent, parmi les députés sortants, un des coryphées de l'opposition, M. de Chauvelin, que ses infirmités obligeaient à se servir d'une chaise à porteur. Il fut entouré et salué par les cris de : « Vive Chauvelin ! vive le député fidèle ! » auxquels on mêlait le cri de : « Vive la charte ! Les journaux rendirent compte de cette ovation ; et, dès le jour suivant, le nombre des jeunes gens doubla. Les Etudiants en droit et en médecine s'étaient donné rendez-vous sur le quai d'Orsay. La gendarmerie les ayant dissipés, ils se réunirent sur la place Louis XV, au cri de : « Vive la charte ! » Refoulés de nouveau par les troupes, ils se rendirent en masse, par les boulevards, au faubourg Saint-Antoine, où ils fraternisèrent avec les ouvriers. Le ministère, effrayé de la tournure que prenait ce mouvement, envoya contre eux la gendarmerie, qui les chargea. Trente-cinq, atteints isolément, furent arrêtés.

Le samedi, 3 juin, d'immenses rassemblements ont lieu aux abords de la Chambre des députés ; la gendarmerie ne suffit pas à les empêcher. Le préfet de police prend le parti de lancer au milieu d'eux des bandes d'assommeurs. Ils frappent sans pitié. Des députés eux-mêmes reçoivent des coups de canne, malgré l'exhibition de leur carte. Les Etudiants, qui avaient adopté pour signe de reconnaissance la cravate blanche et la boucle au milieu du chapeau, parviennent à se rallier et à délivrer leurs camarades faits prisonniers. Pourchassés par le quai et la rue de Rivoli, leurs groupes se reforment sur la place du Carrousel.

Là, une patrouille de garde royale veut s'emparer d'un Etudiant en droit, du nom de Lallemand, au moment où il crie : « *Vive la charte !* » Ses amis l'arrachent des mains des soldats ; mais il est frappé au même instant dans les reins d'un coup de feu que lui tire un factionnaire placé derrière la grille des Tuileries. Ce pauvre jeune homme, âgé de vingt-trois ans, mourut quelques instants après. La balle avait traversé le corps en entrant par le côté droit. Ses dernières paroles furent : « Je plains mon pauvre père..... »

M. Laffitte, du haut de la tribune, traita d'*assassinat* ce guet-apens commis sous les murs du palais du roi. Il y lut la lettre suivante du père de Lallemand et se plaignit vivement de ce que, présentée à la censure avant d'être portée aux journaux, sa publication avait été interdite. Cette brutale prohibition excita les murmures de la chambre :

« Hier, mon fils a été frappé à mort ; aujourd'hui il est diffamé par *le Drapeau blanc*, *la Quotidienne* et le *Journal des débats*. Je dois repousser le fait qui lui est imputé. Il n'a point tenté de désarmer un soldat ; il marchait sans armes ; il a été frappé par derrière, l'instruction le prouvera.

» Signé LALLEMAND, marchand de grains,
rue du Petit-Carreau, 4. »

Manuel, abattu par la maladie, eut à peine la force de monter à la tribune et d'y jeter ce seul mot : « Assassins !.... »

Toute la population s'émut d'un meurtre commis avec une lâcheté aussi cruelle. Le cadavre avait été recueilli par des jeunes gens et transporté à l'église Bonne-Nouvelle, où trois Etudiants en droit se relayaient d'heure en heure pour le garder. « Le bruit s'en était répandu aussitôt, et ce bruit était accompagné de détails affreux, dont l'imagination du peuple grossit toujours la vérité. Les uns racontaient que ce jeune homme avait eu les entrailles arrachées par la main du soldat qui l'avait blessé à mort; les autres parlaient de son vieux père, qui était venu demander le corps de son fils, et qui avait été frappé de coups de crosse de fusil et foulé aux pieds des chevaux des gendarmes. Chaque récit trouvait foi et crédit dans ce Paris, témoin de tant d'atrocités commises au nom des rois, et le silence même de la presse libérale, dont la censure étouffait la voix, ajoutait à la vraisemblance de toutes ces rumeurs, qu'un sentiment de colère et de haine réchauffait si vite, et rendait bientôt si passionnées (1).

» Le lendemain, un grand concours de peuple était réuni devant la porte de Lallemand. Les deux écoles de Droit et de Médecine s'y transportèrent en masse, et firent les honneurs du convoi. On voyait derrière le char le père lui-même, pâle de rage presque autant que de douleur; et toute cette jeunesse imbue des mêmes idées, adonnée au même espoir, maudissant en son cœur la race ennemie que leurs pères avaient cru ensevelir à toujours, suivait en ordre, et n'interrompait l'expression de sa douleur que par celle du mépris et de la menace contre ceux qui les avaient réunis pour une cérémonie si imprévue et si triste. Bientôt on arriva devant la fosse ouverte, et qui attendait un dépôt qu'elle ne rend jamais. Là, ce furent des accents de vengeance et de liberté. Sûre d'elle-même, et par conséquent de l'avenir, la génération qui se pressait dans le cimetière fit entendre des paroles hardies et fières, que la prudence parlementaire ne sut pas comprendre et qu'elle ne pouvait excuser. »

Une foule de plus de cinq mille personnes suivait le cortége. Pendant le trajet, des couronnes de laurier avaient été jetées sur le cercueil. Les placards affichés dans les Ecoles, pour l'ordre de ces funérailles, recommandaient *le plus morne silence;* et cependant quelques individus de mauvaise mine poussaient de temps à autre le cri de : « Vive la charte ! » On les reconnut pour des agents provocateurs.

(1) *Funérailles révolutionnaires*, par A. Marrast.

Après un discours de M. Barthe, un étudiant en droit, M. Louis Michel (du Var), prononça quelques paroles énergiques. Un autre proposa une souscription pour l'érection d'un monument où serait gravée cette simple légende :

LES ÉTUDIANTS EN DROIT
A LEUR CAMARADE LALLEMAND.
IL MOURUT AU MILIEU D'EUX.

Un Etudiant en médecine, au nom de ses camarades, déclara qu'ils demandaient à se joindre à leurs frères de l'Ecole de Droit, pour cet hommage funèbre. De leur côté, les Elèves de la première classe de l'Ecole d'architecture adressèrent aux jeunes gens de l'Ecole de Droit une lettre de condoléance dans laquelle ils réclamaient l'honneur d'être chargés du monument. Cinq d'entre eux furent désignés pour présenter des plans. Ainsi, tous les cœurs de la jeunesse française s'entendaient et se répondaient; jamais on ne vit une fraternité aussi touchante régner dans le Quartier-Latin.

Les jeunes gens du commerce souscrivirent, à eux seuls, des sommes qui dépassèrent les frais du monument. De toutes les Facultés de la France arrivaient des adhésions et des listes de souscription.

A raison de ces faits, une discussion assez chaude s'engagea à la chambre, le 5 juin. — M. Demarçay défendit la jeunesse des Ecoles contre les attaques du garde des sceaux qui la disait égarée : « Cette jeunesse qui, par ses études, ses occupations, son émulation, semble appartenir à l'âge mûr, remplit nos Ecoles et se livre à l'ardeur du travail et de la science. Elle a du feu, dites-vous; elle aime la liberté; et à quel âge voulez-vous qu'on aime la liberté et qu'on la défende avec courage? n'est-ce pas aussi du feu et du courage que vous lui demandez, quand vous l'appelez à la défense de la patrie? Cessez-donc de lui imputer des désordres dont elle a été victime. » — Foy et Benjamin Constant parlèrent dans le même sens. M. Bourdeau se plaignit de ce qu'on avait crié : « Vive la liberté! Point de Bourbons sans la charte! A bas la rapière! A bas les pigeons blancs! »

Bientôt la jeunesse des Ecoles fut mise au ban de l'opinion publique.

Un arrêté de la Commission d'instruction publique, en date du 5 juin, signé Cuvier, menaçait d'interdiction de toutes les Ecoles, tout Etudiant convaincu d'avoir pris part aux troubles de juin.

Une proclamation aux habitants de Paris, signée du préfet de la Seine (Chabrol) et du préfet de police (Anglès), jetait de la défaveur sur les Etudiants, en les désignant comme étant, la plupart, *étrangers à la capitale*.

Un autre arrêté de la Commission, pris le 10 juin, excluait des cours auxquels ils appartenaient, treize Etudiants dont nous tenons à honneur d'inscrire les noms :

Dans la Faculté de Droit : Lailavoix (Robert), rue et hôtel Saint-Roch, 18 ; Grenier (Félix), rue de la Harpe, 89 ; Parfait (Louis-Pierre), rue de la Mortellerie, 15 ; Anceau (Edouard), rue du Harlay, 27 ; Robin (Martial), rue Regratière, 10 ; Gallot (Lucien), Cloître-Saint-Benoît, 4 ; Cailleteau (Eugène), rue Buffaut, 8 ; Desgeorges (Frédéric-Joseph), rue Saint-Jacques, 164.

Dans la Faculté de Médecine : Aufray (Edme-Emmanuel), rue de la Harpe, 95 ; Écol (Prudent), rue de l'Ecole-de-Médecine, 6 ; Moulin (Jean-Antoine), rue Saint-Dominique-d'Enfer, 10 ; Born (Henri), rue de la Harpe, 17 ; Giroux (Pierre-Louis), rue de Grenelle-Saint-Germain, 54.

Les cartes d'inscription ou d'admission leur furent retirées et l'entrée des cours interdite.

Le jeune Robert Lailavoix subit, à la prison de la Force, une détention de deux mois, pour avoir proféré le cri de : «*Vive la Charte !* » sur la place de la Révolution.

Le *Moniteur* du 21 juin donna l'appréciation sommaire des derniers événements et en accumula la responsabilité sur les Ecoles, qu'il signala comme « cherchant à entraîner le peuple... »

Quelques jours après, le journal officiel revint avec plus de vigueur à la charge. « L'intention évidente des premiers moteurs de ces mouvements, disait-il, a été de créer à côté des chambres une influence extérieure dont ils disposeraient, et qu'ils espéraient, à l'aide de leur correspondance dans les départements, étendre et propager au point de la rendre menaçante pour le gouvernement. Partout la jeunesse, et *particulièrement la jeunesse des Ecoles, a donné le signal...* » Puis le *Moniteur* dénonçait en détail des manifestations simultanées à Rennes, Brest, Nantes, Lorient, Vitré, Grenoble, Poitiers et Lyon.

Enfin, une ordonnance royale parut le 5 juillet, concernant les Facultés de Médecine et de Droit. Elle créait des peines disciplinaires et académiques. Elle prescrivait l'appel nominal au commencement des cours, et défendait aux Etudiants « toute association sans permission d'agir ou d'écrire en nom collectif, comme s'ils formaient une corporation. »

Une surveillance rigoureuse fut établie sur les rapports des élèves entre eux et sur leurs démarches. On en vint à interdire les basoches, c'est-à-dire les conférences que les Etudiants en droit formaient dans le but de s'exercer à parler. Ainsi, on retira à l'une d'elles appelée la *Justinienne*, son local, qui était une des salles d'audience du Palais de Justice.

Pour la jeunesse de cette époque la charte n'était qu'un prétexte. Qu'on n'aille donc pas conclure, de ce qu'on ne voit point surgir de principes au milieu de ces événements, que tous se contentaient des idées creuses du libéralisme. On se tromperait; car un Etudiant en droit nommé Joffrès fut traité par le *Régulateur*, journal royaliste, de *corrupteur de la jeunesse* et de *perturbateur de l'ordre public*, pour avoir édité le *Contrat social* et le *Discours sur l'inégalité des conditions*, au profit de deux de ses camarades impliqués dans le procès des troubles de juin.

Telle était l'ardeur de l'opinion dans la jeunesse, que si on n'avait consulté que son audace, la lutte aurait été décidée sans retard.

Une conspiration devait éclater dans la nuit du 19 au 20 août. — En dehors de la loge des *Amis de la Vérité*, les Etudiants s'étaient organisés militairement et formaient un corps qu'on appelait la *Compagnie franche des Ecoles*. Ce jour-là, elle se montait jusqu'à six cents recrues, toutes bien résolues. L'avant-veille, des députés d'une loge dite de *l'Armorique*, composée exclusivement de jeunes Bretons s'étaient incorporés d'eux-mêmes dans la *compagnie franche*. Deux cents conjurés environ étaient exercés, depuis deux mois, au maniement des armes et aux premières leçons de l'école de peloton. Ces deux cents premiers volontaires fournirent des sergents et des caporaux aux diverses escouades qui composaient la compagnie, et à ces titres ils étaient chefs et sous-chefs de chambrée. Ils se distinguaient des autres par un vêtement d'uniforme, consistant en un béret ou casquette basque de drap bleu, une veste de chasse bleue, ayant sur la poitrine deux poches transversales, garnies de petits pistolets, pantalon d'été, gris ou blanc. Telle était la tenue d'exercice ou de combat adoptée par les volontaires des Ecoles.

Le quartier général de la Compagnie franche était à l'extrémité supérieure d'une allée étroite, à côté du café de l'Ecole de Droit, vis-à-vis le Panthéon, à cet endroit même où a été percée la rue Soufflot; c'était une une mansarde au cinquième. On y arrivait par cent trois marches, sur chacune desquelles, ce soir-là, deux Etudiants armés faisaient sentinelle en attendant l'ordre d'agir.

A dix heures, on devait apporter le mot d'ordre que livrerait la garnison, et l'insurrection aurait éclaté à minuit. On devait aussi entrer de nuit à Vincennes, car on comptait sur la complicité de quelques officiers de la garde royale. C'était aux Etudiants, comme au poste le plus dévoué et le plus sûr, qu'on devait confier la garde de la famille royale prisonnière.

Bazard, qui n'avait alors que vingt-six ans et qui était décoré pour avoir, au 30 mars 1814, repris à l'ennemi les pièces de l'École polytechnique, avait été nommé capitaine de la compagnie franche. Il arriva désespéré à onze heures et demie et s'enferma avec les officiers dans la mansarde. On s'entretint à voix basse et rapidement; Bazard leur raconta que rien n'avait été décidé au conseil des chefs; qu'il n'avait pu arriver jusqu'à eux; qu'enfin on avait faussé les promesses qui leur avaient été constamment faites d'admettre un des leurs lorsqu'il serait sérieusement question d'agir.

C'est que les Ecoles étaient républicaines et que les chefs du complot, qui étaient bonapartistes, craignaient d'être dépassés dans leurs prévisions. On le sut plus tard par le procès qui s'ensuivit et où comparurent quelques militaires.

Sans quoi, le plan de conspiration aurait été exécuté à la lettre; il n'y avait pas à en douter, car à côté de sa détermination patriotique, la jeunesse nourrissait dans son cœur le désir de venger le meurtre récent de Lallemand. D'ailleurs, elle avait de nombreuses intelligences dans la garnison de Paris, possédait le mot d'ordre de l'état-major, et aurait été soutenue par l'infanterie de ligne casernée rue du Foin, rue Saint-Jean-de-Beauvais, rue de l'Oursine et à l'Estrapade. — Qui peut dire, avec de pareils éléments, que la France ne se serait pas réveillée le lendemain en république?

CHAPITRE V.

1821. — Suppression de la Faculté de Droit de Grenoble. — Fondation de la Charbonnerie. — Progrès des principes républicains dans la jeunesse.— Extension de l'association charbonnière.— Anniversaire de la mort de Lallemand. — Manifestation aux buttes Chaumont, au Père-Lachaise, etc. — Les Etudiants au parterre des Variétés. — La tragédie d'*Oreste*, à l'Odéon.

Une ordonnance royale supprima, le 2 avril 1821, la Faculté de Droit de Grenoble, pour cause permanente de rébellion de la part des élèves. Ils avaient répandu dans la ville la fausse nouvelle que le roi avait abdiqué, que la cocarde tricolore avait été arborée et la constitution de 1791 proclamée (1).

(1) Cette école si patriotique finit par dégénérer quelques années après, grâce aux intrigues du parti jésuitique. On peut en juger par la lettre suivante que publia, en 1825, un recueil littéraire intitulé *le Nain* :

« Vous me demandez compte, mon ami, du peu de temps que j'ai

Deux Etudiants impliqués dans l'affaire du 19 août, Joubert et Dugied, s'étaient embarqués à Livourne pour aller aider les *Carbonari* dans l'accomplissement de la révolution de Naples. Dugied, qui s'était fait affilier avec son ami à cette vaste société secrète, en étudia l'organisation, et revint le premier en France, rapportant les règlements et ornements charbonniques. Il essaya, dans les derniers jours de 1820, d'appliquer ce système d'association aux Écoles; mais ce fut réellement le 1er mai 1821 que fut fondée, rue Copeau, 29, la première haute vente de la Charbonnerie française, par le concours de plusieurs conjurés du 19 août : Bazard, Buchez,

passé à Grenoble, en ma qualité d'Étudiant en droit. Vous voulez savoir comment y est composée l'Ecole de Droit, si remarquable, il y a quelques années, par les sentiments nobles et généreux qui animaient la plupart de ses élèves; je suis fâché d'avoir de tristes choses à vous écrire, mais vous le voulez, et il faut bien vous satisfaire. Je fus très-surpris en arrivant à Grenoble, dans les premiers jours du mois dernier, de trouver tous les lieux le plus habituellement fréquentés par la jeunesse, vides d'Etudiants en Droit. Je ne sentis nulle part l'existence de deux cent cinquante jeunes gens qui aiment et doivent aimer à vivre *sub dio*, et à se délasser au dehors de leurs études sérieuses.

» Je ne pus d'abord concevoir un changement si singulier, mais je ne tardai pas à en apprendre la cause. Une société de bonnes études comme celle de Paris, venait de se former sous la direction de l'évêque. Les trois-quarts et demi des Etudiants en faisaient partie. Les professeurs de l'Ecole y avaient des grades, et y continuaient l'exercice de leur autorité; du reste, il y avait aussi des tables de jeu, et l'on pouvait s'y procurer toutes sortes de plaisirs et de délassements usités dans les cercles les plus profanes.

» Une indignation mêlée de mépris s'empara de moi, à cette nouvelle. Je ne regardais plus Grenoble que comme une ville infectée; j'avais peine à croire qu'une jeunesse, naguère si mâle, si généreuse, se fût *ensoutanaillée* et encanaillée de la sorte. La contagion pourtant n'était pas encore universelle et absolue : un reste de pudeur éloignait des bannières de l'hypocrisie couarde quelques Etudiants plus fermes ou moins dociles; mais comme pour remplir les rangs on recrute partout, même dans les tavernes et jusque dans les échoppes, il est à craindre que la peste jésuitique ne gagne de proche en proche toute la population dauphinoise.

» Cela est-il convenable dans le pays même où l'exécrable Maingrat?... Quelques énergumènes, qui n'ont même pas l'esprit de leur métier, suffirent à Grenoble, pour propager ces éléments de dégradation physique et morale, au milieu d'une jeunesse jadis pleine de séve et de vigueur; la voilà déjà hébêtée, asservie. Nul signe de ralliement ou de résistance; c'est une corruption lente et tranquille, mais sûre dans sa marche et positive dans ses résultats.

» Enfin, mon ami, je ne doute point, si personne ne vient au secours

Flottard, Cariol aîné, Trélat, Sigaud, Guinard, Corcelles fils, Sautelet et Rouen aîné.

« Ce qu'il faut s'empresser de constater, dit M. Trélat dans sa *Notice sur la Charbonnerie*, c'est que les premiers efforts qui furent faits pour renverser la royauté cosaque furent dus aux jeunes gens. Les rassemblements du mois de juin, scellés du sang de Lallemand, la conspiration du 19 août et la création de la Charbonnerie furent leur ouvrage. A une ère nouvelle, il fallait une génération neuve; chacune des époques qui venaient de se succéder avait usé la sienne, et si toutes les âmes n'étaient pas refroidies parmi les vieillards ou

de ces malheureux jeunes gens (*nisi intersit Deus*), et ne les tire de gré ou de force de leur aveuglement et de leur léthargie, que la société des bonnes études de Grenoble ne soit avant six mois changée en un couvent de femmes ou de jésuites, ou d'ilotes au Paraguay : de ces misérables sauvages à qui la nature a refusé la barbe, signe imposant de la virilité, et à qui, par une dérisoire compensation, elle a donné des hanches de femmes *lumbos fœmineos*; si bien qu'en voyant cette parole *jesuitica*, on pourra s'écrier : *novimus et qui vos*; et tout ce qui peut lever sous le ciel un front d'homme, en regardant cette malheureuse jeunesse, appellera par ses regards l'application de l'autre hémistiche virgilien : *transversa tuentibus*...

» Savez-vous, mon ami, quel est le prix de cette lâche et stupide abnégation de tous sentiments de dignité et de virilité? il vous serait impossible de l'imaginer : c'est l'avantage d'être introduit dans les salons de Grenoble! Nos confrères en Cujas et en Barthole ont été séduits par l'attrait de voir face à face une marquise ou une comtesse; ils ont cru qu'il n'y avait de bonheur qu'auprès de ces dames goudronnées de prétentions et de morgue. Or celles qui donnent le ton, aigres comme les mythologiques filandières, étaient jeunes en 89 et faisaient parler d'elles; cependant, même auprès de ces divinités si surannées, les pauvres jeunes gens, élèves en jésuitisme, ne sont admis qu'aux plus serviles fonctions du rôle de *cavaliere sirviente*. Digne loyer de leur bassesse! Les Etudiants passent le reste du temps à se donner des concerts. Plusieurs déjà chantent aussi bien que des eunuques. D'autres mettent tous leurs soins à se vêtir aussi élégamment que des *civettini* de Venise ou de Naples. Il y a longtemps qu'ils sont plus que femmes sur ce point.

» Quel rôle jouera dans l'avenir cette génération hermaphrodite que nous préparent les chastes docteurs de *Loyola*? Honte d'un sexe et rebut de l'autre, cette jeunesse qu'un souffle impur aura contaminée sera forcée de s'exiler elle-même du sol de la France purgée, pour aller peupler les chapelles des cardinaux et les couvents d'Italie.

» Pour être juste je dois ajouter qu'il existe un côté gauche, une opposition; mais trop peu nombreuse pour faire barrière au torrent, elle ne proteste que par sa séparation absolue de la foule, et n'exprime sa douleur que par une muette indignation. »

les hommes mûrs, au moins ne pouvait-on trouver chez eux aucune force d'initiative. La jeunesse d'alors avait été doublement trempée par les récits de 89 et par le bruit d'armes et de victoires de l'Empire, sans s'être humiliée dans les antichambres de l'empereur. Fière de la gloire de la France, elle était vierge du despotisme qui l'avait opprimée. Toute frémissante encore de la honte de l'invasion, des saturnales et des parjures qui l'avaient suivie, elle avait besoin de liberté, et, pour en faire la conquête, elle sentait qu'il fallait briser le présent pour édifier l'avenir. A cette époque, un grand mouvement s'était passé dans les esprits. Bonapartistes en 1814 et en 1815, alors que la nationalité et la défense du sol menacé par l'étranger se confondaient avec le dévouement au chef militaire capable de le repousser, les Etudiants n'avaient plus, en 1820, de passion que pour l'indépendance, d'admiration que pour les hauts faits et pour les fruits de notre révolution.

» Leur amour de la liberté était tel, qu'ils maudissaient le despotisme de l'empire, et qu'ils attribuaient bien plutôt l'invasion de la France à l'esclavage auquel l'empereur l'avait réduite, qu'au grand nombre de ses ennemis. A chacune des séances, à chacune des réceptions de la *Loge des Amis de la Vérité*, le souvenir du despote était maudit; c'était à qui, du vénérable, des officiers de la loge et des récipiendaires, lui reprocherait avec plus d'amertume les malheurs de la patrie, la destruction de la république d'où il était sorti, le rétablissement du pouvoir sacerdotal et des lois tyranniques, d'où la caste imbécile qui gouvernait la France tirait toute sa force et toutes ses chances de durée. Qu'on se garde bien de voir dans ces dispositions une contradiction et un démenti aux lois du progrès. La jeunesse s'était enrégimentée en 1815 pour défendre le sol; elle criait: *Vive l'empereur!* parce que c'était le cri de guerre; mais elle n'aurait pas manqué, après la victoire, de demander compte à son général en chef de l'usage qu'il aurait voulu en faire. Bonaparte le sentait bien, et c'est ce qui le perdit. Comme il craignait autant le peuple que l'étranger, il fut battu par l'étranger, parce qu'il ne voulait pas lui opposer le peuple. C'est sa préoccupation qui fut la première cause de sa défaite; car, lorsque le salut du pays est l'enjeu de la bataille, il ne faut avoir qu'une seule pensée, ce n'est pas trop; il ne faut rien craindre, il faut tout espérer, tout vouloir. C'est comme cela que nos armées révolutionnaires triomphaient de tous les obstacles; c'est comme cela que Bonaparte fut toujours victorieux jusqu'au jour où il craignit le peuple. Toutefois, ce mouvement de progrès dans les esprits ardents et éclairés était loin d'avoir pénétré les masses, qui n'avaient jamais été plus bonapartistes qu'alors. Malheureux et humiliés sous le joug des Bourbons, qu'elles n'avaient cessé de détester et de mépriser, elles se complaisaient dans le fol espoir d'un nouveau 20 mars, et attendirent leur salut du retour de l'empereur longtemps après que le prisonnier de Sainte-Hélène fut descendu dans la tombe... Le peuple proprement dit et la jeunesse studieuse étaient donc loin d'être d'accord, et ne pouvaient se convertir, car ils n'avaient pas le moindre point de contact... » — Peu à peu, cependant, nous allons voir cette scission s'effacer.

« La Charbonnerie ne tarda pas à envelopper à Paris les deux écoles de Droit et de Médecine, une grande partie des jeunes gens du commerce, et à s'étendre rapidement sur tous les points de la France. Outre ses nombreuses assemblées de vente, de haute vente, de vente suprême et de comité d'action, chacun de ses comités de recrutement, de finances et d'armement se réunissait trois fois par semaine. Tout se faisait avec régularité, avec constance, avec secret. La police ne sut rien de ce mouvement perpétuel ; ce ne fut que lorsque l'association pénétra dans les régiments qu'elle connut son existence ; et il est vraiment merveilleux que des Etudiants aient pu se réunir tous les huit jours, par groupes de vingt, dans leurs chambres garnies, sans que l'autorité en eût reçu quelque avis.....

» A Paris, toutes les ventes étaient armées et exercées au maniement des armes. Il existait une vente dans l'Ecole polytechnique, une dans le 48e, et une autre dans le 45e. » C'est dans cette dernière que se trouvaient les quatre sous-officiers de la Rochelle, dont nous parlerons tout à l'heure. Le souffle du Carbonarisme passa dans les Universités allemandes et dans les armées espagnoles. L'insurrection de Naples et celle de l'île de Léon en furent les symptômes. En France, il eut pour résultat les conspirations de Thouars, de Saumur et de Poitiers.

« L'association était républicaine ; toutes les allocutions adressées aux récipiendaires étaient empreintes des principes les plus avancés..... C'était pour faire cesser la corruption qui dévorait la société, que la Charbonnerie avait été instituée ; c'était pour réunir en une même famille tous les gens vertueux contre les fripons, tous les opprimés contre leurs tyrans ; c'était pour appeler les hommes à l'exercice de leurs droits, pour les doter des bienfaits de l'égalité, pour faire cesser le système ruineux du gouvernement qui les épuisait, pour rendre la guerre impossible entre les nations, pour abolir les armées permanentes et ne faire de chaque continent qu'un peuple de frères ; c'était pour faire de l'instruction une charge de l'Etat au profit de tous ses membres ; c'était, avant tout, pour appeler le peuple souverain à constituer son gouvernement comme il l'entendrait, que les hommes libres se concertaient alors et s'associaient entre eux. »

Le premier anniversaire de la mort de Lallemand réunit toute la jeunesse de Paris dans une immense fédération, aussi redoutable pour le gouvernement que le triste souvenir qui en était l'âme.

Un service funèbre devait avoir lieu à Saint-Eustache. Les Etudiants trouvèrent les portes de l'église fermées; une affiche placardée sur les murs du monument portait un arrêté de la Commission d'instruction publique qui prononçait l'ajournement de la cérémonie. Chacun se demandait de quel droit l'autorité universitaire intervenait dans les hommages posthumes à rendre à une victime populaire, et descendait ainsi dans la conscience de chacun pour y régler l'expression des sentiments religieux qui s'adressaient à un camarade, à un frère. La perte d'un condisciple estimé et chéri de tous n'était-elle pas assez cruelle, les regrets n'étaient-ils point trop amers, sans qu'on vînt proscrire ainsi un deuil public et étendre jusque sur une tombe un excès de pouvoir qui ressemblait à de la vengeance ?... L'effet de cet ajournement fut incalculable : il éleva jusqu'à la hauteur d'une protestation faite au nom du culte des morts, l'éclat de cette manifestation.

Les Etudiants affectèrent d'assigner le rendez-vous général aux buttes Chaumont, où ils avaient défendu, en 1814, au prix de leur sang, la capitale contre l'invasion. Ils associaient ainsi, dans une seule et même pensée de vengeance, deux souvenirs néfastes. Du haut de ce mont sacré, la génération nouvelle lança, comme un premier défi, le manifeste de la révolution future au cœur de la royauté cosaque.

Plein d'un enthousiasme sombre et grandiose, les jeunes gens des Ecoles, se développant sur une longue file et rangés en ordre, descendirent en masse vers le cimetière du Père-Lachaise, où dormaient les restes de Lallemand. Ils ne purent franchir le seuil de l'asile des morts ; on ferma devant eux les grilles de l'entrée....

Alors commença une scène d'un aspect magique, sublime et rapide comme l'inspiration émanée de l'âme de tout un peuple. Mille bras se dressèrent spontanément ; un Etudiant se hissa sur cette échelle humaine et parvint à atteindre un des murs élevés du cimetière, où il se plaça comme sur une tribune improvisée.

Rien ne saurait rendre la grandeur de ce spectacle. D'un côté, le silence et la majesté de la mort ; de l'autre, une forêt de têtes mouvantes et agitées comme par un vent d'orage, la vie dans toute sa splendeur ; en résumé, l'âme et les espérances de la grande patrie. L'orateur évoqua l'ombre de Lallemand ; il la prit à témoin, et de l'odieuse persécution qui poursuivait sa mémoire, et du serment solennel que tous faisaient ici, en présence de sa tombe, de le venger dans l'avenir ou de mourir comme lui. Une immense acclamation répondit à cet engagement suprême. Répétée par les échos de la funèbre solitude, il sembla que le fantôme de Lallemand se levait de son cercueil et que sa voix répondait à celle de ses camarades. Un frémissement électrique courut dans les rangs ; tous tombèrent à genoux dans la poussière du chemin et courbèrent la tête avec recueillement, tandis que l'orateur se tournant vers la nécropole, disait à Lallemand un dernier adieu.

Les Etudiants étaient encore sous l'impression de cette scène quand ils rentrèrent dans la capitale. Leurs visages, pleins d'animation et en même temps de dignité, trahissaient l'émotion qui les agitait intérieurement. Les passants les regardaient avec une admiration mêlée de respect et se découvraient devant eux. On eût dit que chaque citoyen avait le pressentiment des destinées que cette jeunesse portait avec elle.

La colonne défila, chapeau bas, rue du Petit-Carreau, devant la maison de Lallemand. Le père de la victime se montra à l'une des fenêtres, portant la main à son cœur, pour témoigner combien il était sensible à cette marque publique d'estime et combien c'était une douce consolation à son chagrin. On se dirigea ensuite par les boulevards vers la rue de la Victoire. Les Écoles voulaient noblement couronner une journée aussi mémorable et achever de se retremper à la source des fortes idées en assistant à la représentation de *Britannicus*, qui devait avoir lieu à la salle Chantereine. La police avait pris les devants en interdisant ce spectacle, par ordre supérieur. Pour le coup, le mépris remplaça l'indignation dans le cœur de la jeunesse ; elle se mit à battre des mains en apprenant ce nouvel exploit et se promit bien de prendre sa revanche.

On donnait au théâtre des Variétés, ce soir-là, une pièce assaisonnée de flatteries royalistes (*le Domaine de Chambord*, ou bien *la Partie de chasse de Henri IV*, je ne sais plus laquelle des deux...)

Un grand nombre d'Etudiants achetèrent les billets du parterre et purent ainsi le peupler de leurs camarades. Ils se tinrent parfaitement tranquilles jusqu'au moment où l'on chantait l'air d'*Henri IV;* mais au signal convenu, ce fut un vacarme effroyable, le chorus le mieux nourri de sifflets et de huées. Un incident inattendu vint encore ajouter au piquant des circonstances. Un officier des gardes du corps, offusqué de cette manifestation, se leva des premières loges, et après avoir interpellé le parterre lui jeta son gant en signe de défi. On ne fit pas à cette provocation l'honneur de la relever; bien au contraire, elle tourna à la dérision de celui qui l'avait adressée. Le gant malencontreux, lancé de droite et de gauche, se promena d'un bout à l'autre de la salle, à la grande joie du parterre et aux applaudissements des loges supérieures. L'officier des gardes du corps fut contraint de sortir pour cacher dehors la confusion que lui avait attirée son zèle royaliste.

Ce soir-là on fut de très-mauvaise humeur aux Tuileries, et cependant le lendemain les feuilles libérales n'osèrent pas avouer que la journée avait été bonne.

Un mois après, M. Mély-Janin, auteur d'une tragédie intitulée *Oreste*, se plaignait dans les journaux de la cabale qui écrasait son ouvrage à l'Odéon. *La Quotidienne*, dont cet homme de lettres était l'un des rédacteurs, avait eu la malencontreuse idée d'attaquer les Ecoles de Paris dans le compte-rendu de cette pièce. L'auteur en question reçut la lettre suivante :

« Nous vous prévenons que votre opiniâtreté, à faire prendre cette pièce ne vous réussira pas. Récemment encore le journal auquel vous appartenez, a outragé la mémoire d'un de nos anciens camarades, victime de son zèle pour la cause libérale, et nous avons juré d'immoler *Oreste* aux mânes de Lallemand...

« Signé : *L'interprète des sentiments de la majorité des Ecoles de Droit et de Médecine.* »

Tandis que la jeunesse, comme on vient d'en juger, ne perdait aucune occasion de manifester ses griefs et de serrer ses rangs fraternels en face de l'oppression, la réaction monarchique pesait de plus en plus sur toutes les classes de citoyens.

Les Ecoles, entre toutes, eurent les honneurs de la persécution, et les préférences des rancunes policières.

Nous allons voir bientôt à quel régime inquisitorial les Etudiants furent astreints, et quels odieux procédés employèrent ces tristes politiques, éternels *casse-cou*, aux yeux desquels la générosité de l'âge et l'enthousiasme n'étaient ni un privilége ni un droit.

CHAPITRE VI.

—

1822-1823. — Action de l'*Association constitutionnelle* sur les Etudiants. — Suspension des cours de MM. Guizot, Cousin et Tissot. — Rixes au cours de M. Portetz. — Suspension de la Faculté de Droit de Paris. — Rassemblements de la place du Panthéon. — Bruit au cours de M. Thénard. — Les gendarmes au Jardin des Plantes. — Troubles à la séance de rentrée de l'Ecole de Médecine. — Suppression et réorganisation de cette Faculté. — Fermeture de l'Ecole Normale. — Exécution des quatre sergents de la Rochelle. — Page mémorable écrite par M. Guizot.

La majeure partie des Ecoles se ralliait franchement aux principes républicains. D'un autre côté, l'action du comité de *l'Association constitutionnelle* se faisait particulièrement sentir sur la masse des plus timides, de ceux qui avaient bien des sentiments patriotiques, mais dont les idées manquaient de drapeau. Cette association avait pour but spécial de confondre dans un même esprit deux forces vives, l'Armée et les Etudiants.

Tandis qu'on poursuivait la presse à outrance, les Ecoles et les cours publics étaient surveillés. La Commission de l'instruction publique avait frappé la philosophie dans la personne de M. Cousin; elle ne tarda pas à trouver que l'Histoire avait aussi son côté dangereux; et le cours de M. Guizot fut également fermé. «M. Guizot professait l'histoire avec une indépendance de principes et de vues qui contrariait la marche étroite de l'Université. M. Guizot n'écrivait ni ne disait avec élégance; il y avait quelque chose d'obscur dans ses leçons sur le gouvernement représentatif, qu'il suivait pas à pas depuis l'origine de la monarchie, à travers les textes et l'esprit de système; mais M. Guizot jetait des idées à profusion, il exerçait sur la jeunesse l'ascendant d'une science incontestable, d'un esprit distingué, ramenant les faits avec une égale persévérance à ses idées anglaises et à la révolution de 1688 (1); ce n'était plus l'homme raide et cassant de l'administration, le petit despote des bureaux de l'abbé de Montesquiou et de M. Decazes; mais l'érudit aux formes absolues, aux définitions élevées... M. Cousin enseignait la philosophie en remplacement de M. Royer-Collard; il avait une parole haute et brûlante; admirateur des systèmes de Kant, il cherchait à les propager en France. Sa physionomie, le jeu de ses yeux, ses gestes, ses regards lui donnaient une immense influence sur l'imagination de ses élèves. Il était difficile de comprendre et d'analyser une leçon de M. Cousin; il se brouillait quelquefois, et sa pensée se présentait obscurément à travers une phrase brillante; son spiritualisme, son *moi humain*, mille fois répété, lui donnaient l'aspect d'un inspiré; il semblait vivre dans une sphère à l'abri des vanités, des plaisirs et de l'ambition de ce monde qu'il laissait au vulgaire; la pensée, l'âme, le cœur, tels étaient son domaine, *que plus tard il chercha dans une position moins idéale* (2). »

Une mesure plus injuste fut prise à l'égard de M. Tissot; il fut arraché de sa chaire au Collége de France. On l'accusait de chercher la popularité par des allusions inconvenantes. Ainsi, on lui fit de sanglants reproches parce qu'il s'était plaint de ce que la jeunesse, cette fleur des générations, si recherchée par Louis XIV et Napoléon, était négligée en France depuis la Restauration et se desséchait sous la coupe de la gérontocratie : « Cette jeunesse vraiment digne de lui, disait-il, l'empereur l'employait partout, dans ses conseils, dans l'administration générale, dans des négociations héris-

(1) Sur le patron de laquelle fut conçue la révolution de 1830, qu'on réduisit le plus possible aux proportions d'une révolution de palais.

(2) *Histoire de la Restauration*, par un homme d'Etat, t. VII, p. 10.

sées de difficultés ou pleines de périls, dans le gouvernement des pays conquis, et partout elle répondait à son attente! Les jeunes gens étaient pour lui les *missi dominici* de Charlemagne. »

A ces rigueurs, l'Université ajouta des mesures de précaution dans les Facultés : chaque Etudiant dut avoir une carte spéciale; aucun étranger ne put être admis aux cours sans une autorisation expresse. Ces mesures se liaient aux idées répressives qu'avait adoptées l'Allemagne pour ses Universités. On craignait l'influence des Ecoles qui avaient produit les doctrines et le poignard de Sand. On imitait les résolutions craintives de la diète germanique arrêtées à Carlsbad.

La fermentation n'en était que plus grande parmi les Etudiants.

M. Portetz, dont le royalisme était bien connu, fut sifflé dans sa chaire. A la leçon suivante, quelques individus l'accueillirent par des applaudissements, et au cri de : « A bas les Jacobins! » On y répondit par celui-ci : « A bas le crapaud blanc! » Puis, on en vint aux mains, et même aux coups de canne. Le doyen étant parvenu à apaiser le tumulte, on se tint tranquille pendant le reste de la leçon. On se rendit ensuite par la rue Saint-Jacques, au cours de M. Poncelet, à l'Ecole de Droit. Dans ce trajet, les royalistes invectivèrent les jeunes gens libéraux, à tel point qu'une lutte violente s'engagea sur la place du Panthéon. A l'arrivée de la force armée, on se retira dans l'Ecole de Droit. Là, d'un commun accord, les Elèves se partagèrent en deux bandes. Dans l'une, qui était en minorité, on criait : « Vive le roi absolu! » L'autre, qui formait une masse compacte, répondait par le cri de ralliement de l'opposition : « Vive la charte! »

Les cours et exercices de la Faculté de Droit furent suspendus le 6 mars 1822, par un arrêté du Conseil royal de l'instruction publique qui ordonnait, en outre, une enquête sur les désordres qui venaient d'avoir lieu.

En même temps, le Conseil académique, en raison de tumultes excités à l'occasion de la visite pastorale de l'archevêque de Paris dans les Ecoles, excluait pour six mois de l'Académie de Paris, MM. Mouilliez (Louis-Fréderic), étudiant en droit; Paysant (François), étudiant en droit; Palais (Pierre-Benjamin), étudiant en médecine; Feugeray (Louis-Joachim-Angélique), étudiant en médecine; tous quatre arrêtés pour avoir pris part à ces troubles.

Le 7 mars, des groupes assez animés se rassemblèrent sur la place du Panthéon.

Le lendemain, des étrangers surviennent dans le cours de M. Thénard au Jardin des Plantes, et le troublent par des vociférations. Bientôt la salle est cernée par des gendarmes. A la fin de la leçon, M. Thénard lui-même prie le commandant de vouloir bien laisser sortir librement les assistants. Un refus formel de sa part excite les murmures des Elèves. A l'instant même, l'officier fait reculer son cheval; mais les Elèves qui étaient sur le point d'être foulés par les pieds de derrière, frappent sur la croupe du cheval à coups de canne et de parapluie. L'officier tire alors son sabre, et les gendarmes chargent à fond de train ces jeunes gens dans les allées du Jardin des Plantes. Deux furent grièvement blessés de coups de sabre. On ne laissa sortir que ceux qui avaient des cartes; mais comme le cours de M. Thénard était fréquenté par des amateurs de la science aussi bien que par des dames, la plupart n'étant pas munis de cartes, furent conduits à la préfecture de police.

Plusieurs des élèves qui étaient poursuivis dans le jardin, se réfugièrent dans le cabinet d'anatomie, et, voyant des gendarmes sur le point d'y pénétrer, ils s'armèrent de piques de sauvages suspendues au plafond comme objets de curiosité. « Qu'allez-vous faire ? leur crie le garde du cabinet, ces flèches sont empoisonnées ! » A ces mots, les jeunes gens posent les armes et se livrent d'eux-mêmes aux gendarmes.

Sur le rapport qu'on lui fit de ces événements, le Conseil académique rendit l'arrêté suivant :

« Considérant que les Étudiants ci-après nommés ont fait partie des rassemblements du 7; — qu'en prononçant seulement, par son arrêté du 5 mars, l'exclusion des cours de l'Académie pendant six mois, le Conseil avait espéré prévenir de nouveaux désordres par cette mesure paternelle ;—Que les dangers des derniers rassemblements ne permettent plus la même indulgence ;

» Les sieurs Bruxelles (Jean-Robert), Arnoult (Henri Alexandre), Francoville (Charles), Saint-Rousset de Vauxonne, Étudiants en Droit, et Thomas (J. J. Théodore), Étudiant en Médecine ; — sont exclus *pour deux ans* de l'Académie de Paris. »

Fidèles échos de la pensée du gouvernement, les journaux royalistes lancèrent un ballon d'essai et insinuèrent qu'il était question de transporter à Compiègne et à Fontainebleau l'Ecole de Droit et l'Ecole de Médecine.

C'était le rêve du fédéralisme appliqué à l'enseignement supérieur.

L'absurde de ces projets démontra naturellement l'impossibilité de leur mise à exécution. Le Conseil royal fut même obligé de revenir sur la détermination qu'il avait prise à l'égard de l'Ecole de Droit. En vertu d'un arrêté du 20 mars, les examens et les thèses recommencèrent dans cette Faculté.

Des troubles eurent lieu aussi à l'Ecole de Médecine, le 18 novembre 1822, à la séance de rentrée. M. Desgenettes faisait l'éloge du professeur Hallé, et se laissait entraîner à un panégyrique outré de ses sentiments religieux. Des marques générales d'improbation éclatèrent; et l'abbé Nicolle, qui avait semblé encourager par sa présence, l'apothéose du jésuitisme à l'Ecole de Médecine, fut hué en montant en voiture.

Deux jours après, une ordonnance royale *supprimait* la Faculté de Médecine. Le considérant s'appuyait sur ce que des désordres scandaleux avaient troublé la séance solennelle de rentrée, et que de pareilles scènes avaient déjà eu lieu plusieurs fois à d'autres époques.

Une autre ordonnance royale porta, le 2 février 1823, la réorganisation de l'Ecole de Médecine.

Cependant le parti ultramontain avait juré la ruine de l'Université et cherchait tous les moyens de se substituer à l'Etat dans l'enseignement public. Il était ouvertement représenté par M. de Corbière, ministre de l'instruction publique, qui avait présenté au roi un rapport ayant pour objet de donner aux corps enseignants une direction plus religieuse.

Déjà il avait obtenu, comme gage de la bonne volonté du monarque, la suppression de l'Ecole Normale qui fournissait des professeurs émérites. C'était une première et audacieuse atteinte portée à l'enseignement supérieur. On espérait bien ne pas s'en tenir à si peu!...

Ce que la royauté perdait en force morale, elle croyait le regagner en se montrant impitoyable dans l'abus de la puissance.

Quatre sergents du 45ᵉ, en garnison à La Rochelle, Bories, Raoulx, Goubin et Pommier, étaient tenus pour ennemis du gouvernement; leurs relations avec quelques bourgeois étaient épiées; on les soupçonna d'intelligence avec la jeunesse des Ecoles. Ces soupçons furent bientôt convertis en accusation de complot contre la sûreté de l'Etat. On leur donna pour complices quelques Etudiants, entre autres Recurt, Gauran, élèves internes dans un hôpital, et Baradère jeune, avocat. L'accusation fut abandonnée à l'égard de ces derniers. Le pouvoir s'était assuré à l'avance de la lâche complaisance d'un jury composé exprès; ce jury accorda les quatre condamnations à mort qu'on sollicitait de lui.

Le sang-froid des quatre sergents de La Rochelle déconcerta leurs bourreaux. On essaya de la torture morale pour vaincre leur énergie; la persécution n'avait aucune prise sur ces caractères d'acier. Bories surtout montra une âme toute romaine.

La jeunesse se fit un devoir sacré d'assister à cette horrible exécution. Elle parut en place de Grève, à peu de distance de l'échafaud et à genoux. Le courage des victimes lui vint en aide. Ce fut un puissant exemple pour elle que cet héroïsme devant la mort. Tandis que les hommes du peuple versaient des larmes, elle resta silencieuse, impassible, le front pâle à la fois de résignation et de colère. Ces flots de sang, terrible semence de liberté, retombaient comme un baptême sur son âme ulcérée... Elle comprenait qu'un jour elle compterait avec les misérables ordonnateurs de ce supplice.

Le soir même de ce jour, 21 septembre 1822, il y eut grand bal à la cour. Cette lâche parodie de l'indifférence, au lieu de répandre la crainte, fit prendre en pitié le souverain qui l'avait conçue autant peut-être pour étourdir ses remords que pour voiler son appréhension de l'avenir. — La cour *avait peur de paraître avoir peur*; voilà pourquoi elle se réfugiait dans un plaisir dont l'odieux déguisait mal la véritable intention. On aurait pu l'appeler *le bal des victimes*, en souvenir du sang versé le matin, autant que par pressentiment de cette pente irrésistible sur laquelle glissait la monarchie.

Le ciseau de David (d'Angers) nous a transmis dans un médaillon d'un vigoureux relief les traits énergiques des sergents de La Rochelle. L'ensemble de ces mâles physionomies, empreintes de fierté et de résolution, parle au regard et lui apparaît comme la transfiguration du vrai républicanisme. La plastique de notre visage n'est-elle pas quelquefois la traduction vivante de l'idéal que nous portons en nous?...

La république de 1848 s'est souvenue des quatre sergents de La Rochelle. Peu de temps après la révolution de février, nous nous rappelons qu'une masse de jeunes gens se rendirent, drapeaux en tête, au cimetière Montparnasse, pour déposer, sur la tombe des martyrs, l'hommage et les prémices de la liberté reconquise.

Un historien, M. Guizot, écrivit en 1821, à l'occasion de l'anniversaire du meurtre de Lallemand, les lignes suivantes également applicables au supplice des sergents de La Rochelle. Ces lignes sont une grande leçon que tous les hommes d'Etat devraient méditer, et que lui-même a commencé par oublier en arrivant au pouvoir. Lisez plutôt cette protestation contre l'oubli sous lequel on voudrait ensevelir la mémoire des martyrs de la patrie et de la liberté :

« Je proteste de toutes mes forces, contre ce système d'oubli, lâche et impuissant compagnon du système du silence. Ne dirait-on pas, en vérité, que la nature humaine est si peu faible, si peu légère, qu'elle ait besoin d'être exhortée à oublier ? Quoi, nous cheminons tous d'un pas tranquille sur ces places où le sang a si longtemps ruisselé sous nos yeux ; les crimes et les maux dont tant de destinées, tant de cœurs sont encore brisés, sont déjà pour nous de l'histoire, et vous vous plaignez qu'on n'oublie point assez !

» Vous demandez aux sentiments de disparaître encore plus vite, à l'expérience d'effacer plus tôt ses leçons, à l'esprit de l'homme d'être encore moins sérieux, moins ferme, moins capable d'énergie et de constance ! Et pourquoi ? Vous nous parlez de haines à étouffer, de dissensions à éteindre, de paix publique à rétablir. vous vous abusez ; ce n'est pas là votre vrai motif. Vous vivez vous-mêmes de souvenirs : il en est qui font notre force et que vous n'avez garde de repousser ; mais il en est aussi qui vous gênent et peut-être vous accusent. C'est à ceux-là seuls que vous en voulez. Votre prétention est de mutiler le passé, de tronquer notre mémoire, d'en enlever ce qui vous importune, d'y maintenir ce qui vous sert.

» Nous n'accepterons pas de tels conseils. Point de privilége en fait de souvenirs ; qu'ils vivent tous pour l'instruction des gouvernements et des peuples ; que le passé nous raconte toutes ses fautes et tous ses malheurs, le temps n'est que trop prompt à en affaiblir la puissance ; le cœur humain n'est que trop porté à se décharger de ce qui lui pèse. Ne venez pas énerver encore son peu de sagesse et de vertu ; laissez-le se souvenir quand il se souvient : il s'en lassera assez vite, il oubliera assez facilement et les erreurs, et les injustices, et les maux qui devraient l'instruire.... Vos efforts sont vains ! Les hommes n'oublient point ce qui les fait souffrir ; qu'en le condamnant, ils condamnent aussi ce qu'ont souffert d'autres hommes. En dépit de l'esprit de parti, un tel jugement, souvent répété, produit tôt ou tard son effet ; tôt ou tard, il apprend à tous que la justice est l'intérêt comme le devoir de tous ; et, *quel que soit le dernier vainqueur, s'il a eu souvent à réclamer l'équité, il est moins inique dans sa victoire.* »

Mot profond que ce dernier mot ! et dont le peuple montra la vérité dans les victoires de juillet 1830 et de février 1848 !

CHAPITRE VII.

—

1824-1826. — Les libéraux, les jésuites et la jeunesse. — Révolte au collége de Versailles. — Mort du général Foy. — Troubles à l'Ecole de la Flèche. — Insurrection à l'Ecole des arts et métiers de Châlons. — Associations de la jeune Allemagne. — Insurrection d'Etudiants à Pavie.

L'avénement de Charles X fut accueilli avec joie par la faction jésuitique qui donna le signal de la réaction religieuse. Son hostilité fut cependant impuissante à ruiner le centralisation des études philosophiques, c'est-à-dire l'âme de l'enseignement universitaire. En vain, le gouvernement essaya de feindre l'indifférence pour mieux prêter la main à leur plan. Les successeurs de Royer-Collard, l'abbé Frayssinous et M. de Corbière ne purent prévaloir contre l'organisation unitaire de l'instruction publique. Ils étaient parvenus un moment à suspendre l'Ecole Normale; il fallut bientôt la rétablir.

La querelle religieuse s'envenimait de part et d'autre. La presse libérale se faisait voltairienne en haine du parti prêtre. On poursuivit deux de ses journaux, le *Courrier Français* et *le Constitutionnel*; ils furent acquittés. C'est alors que le comte de Montlosier attaqua ouvertement les sectaires d'Ignace de Loyola dans un ouvrage qui fit une sensation prodigieuse, et qu'il avait intitulé : *Mémoire à consulter sur un système religieux tendant à renverser la religion et le trône.*

La jeunesse des grandes Ecoles prit parti la première dans cette vaste discussion qui passionnait le pays. Elle se montra profondément anticatholique et se rangea du côté des philosophes. A la mort de Talma, elle affecta de suivre le cortége du célèbre comédien qui avait fait fermer sa porte à l'archevêque de Paris. On évalua à 15,000 le nombre des jeunes gens qui grossirent la suite du convoi. Les élèves des colléges eux-mêmes ne perdaient pas une seule occasion de manifester au parti de l'autel leur antipathie. Plusieurs révoltes éclatèrent successivement au collége royal de Versailles. Une fois, parce qu'on avait nommé pour proviseur un M. Augier, ecclésiastique et élève de Saint-Acheul. Le jour de l'Ascension, les élèves refusèrent nettement de se rendre à Vêpres processionnellement et d'entendre Laudes, Complies et Vêpres. M. Augier menaça les coupables. Les coupables répondirent par une révolte. Les salles furent envahies; les bancs, les chaises, tout servit d'armes à cette insurrection dont les enfants même firent partie. On fut obligé d'envoyer quérir deux compagnies de la garde royale, qui vinrent les attaquer par la grande cour du collége. Une autre fois, le jour de la Toussaint, les Ecoliers se refusèrent de chanter à la messe. Déjà plusieurs jours avant, quelques classes s'étaient réfugiées dans les dortoirs et avaient brisé tout ce qui s'y trouvait. Le proviseur et le censeur, effrayés, prirent la fuite. M. Augier alla porter plainte au procureur du roi.

La gendarmerie et un bataillon suisse furent requis pour investir la maison et y remettre l'ordre. La vue des baïonnettes ne fit qu'échauffer davantage les têtes et inspirer les résolutions les plus violentes. Les jeunes insurgés arrachèrent les barreaux des fenêtres et défendirent les retranchements qu'ils s'étaient construits à l'aide des tables, des pupitres et des chaises. Il y eut un véritable engagement entre les Ecoliers et la troupe. Enfin, la force demeura nécessairement à l'autorité, et les élèves furent renvoyés à leurs parents. Nous citons ces faits en détail pour montrer à quel degré la réaction ultramontaine avait exalté les esprits. D'un autre côté, les missionnaires parcouraient les villes et les campagnes, faisaient des plantations de croix, et étaient le sujet de troubles graves à Rouen, à Brest et à Lyon.

En dehors de la polémique religieuse, la fermentation était encore augmentée par les embarras politiques.

On improvisait partout des ovations sur le passage de Lafayette revenu de l'exil. Les persécutions dont il avait été victime, moins encore peut-être que le besoin, pour l'opinion publique, d'avoir une idole à opposer à la majesté royale, grandissaient sa popularité.

A cette époque (novembre 1825) mourait un des chefs du parti libéral, puissant orateur et grand caractère, le général Foy. Ses obsèques furent une véritable solennité politique. Les jeunes gens voulurent porter son cercueil sur leurs épaules. L'enthousiasme fut à son comble quand on vit Lafayette prendre la parole au bord de la fosse, et qu'un orateur déclara, au nom de la France, que la patrie s'engageait à doter les enfants de Foy.

Une agitation permanente était entretenue dans les Ecoles de province. L'Ecole militaire de La Flèche se révolta pendant l'absence de son commandant, le général Danlion, et la révolte fut sérieuse. Les élèves furent les maîtres pendant plusieurs heures. On fit venir deux compagnies de cavalerie et d'infanterie du Mans, et l'on sévit contre ces malheureux jeunes gens d'une manière atroce ; l'un d'eux fut renvoyé à sa famille, comme un misérable déserteur, entre deux gendarmes et les mains attachées derrière le dos !...

Une insurrection éclata également à l'Ecole des arts et métiers de Châlons... Les élèves, mécontents du régime intérieur, se plaignaient surtout d'un surveillant, ancien gendarme, qui se portait à des voies de fait à leur égard. Ils se laissèrent aller à des extrémités fâcheuses, brisèrent tous les meubles et menacèrent d'incendier l'établissement. On fut obligé, pour apaiser la fureur des élèves, de faire sortir les hussards qui cernaient la maison. Elle présentait le spectacle d'une petite ville prise d'assaut. Enfin, on parvint à s'assurer des plus mutins, et vingt-cinq Elèves furent expulsés.

Toute la jeune Europe semblait en combustion.

A Breslau, la cour suprême instruisait l'affaire des *associations secrètes*, dont les ramifications s'étendaient en Suisse et en Italie. Aux *carbonari* du Piémont se rattachait l'association des *jeunes gens* (*bund der jungen*), dont les membres devaient jurer fidélité aux principes de l'association, obéissance passive à ses directeurs par un serment qui les obligeait de donner la mort aux ennemis de l'association générale lorsque le sort les désignait. C'est à cette *société de jeunes gens* qu'étaient immmédiatement subordonnées les sociétés secrètes des universités, « dans lesquelles, disait l'acte d'accusation, la jeunesse académique était imbue de ces doctrines constitutionnelles et autres *d'un mauvais genre*, destinées à les mûrir pour leur réception future dans la société des Jeunes gens. »

Un Etudiant nommé Spreewitz avait fondé l'*Association de la jeunesse*, qui s'était répandue avec célérité dans les Universités. Elle s'était donné des chefs de cercle et avait tenu successivement six congrès de fédération, à Dresde, à Iéna, dans la forêt d'Odenwald, à Streitberg, à Wurtzbourg et à Cassel. On y avait fait des règlements et arrêté des signes de reconnaissance; on y avait discuté de nouveaux systèmes politiques; enfin, il avait été question de former un corps de jeunes philhellènes allemands pour aller au secours de la Grèce. La police y avait vu des enrôlements destinés à former le noyau d'une armée révolutionnaire. Des professeurs et un certain nombre d'Etudiants furent arrêtés et condamnés de onze à quinze années d'emprisonnement dans une forteresse.

Une lettre apostolique datée de Rome, le 3 mai 1826, réprouvait les associations secrètes dans toute la chrétienté et rappelait une bulle publiée par Pie VII contre les *carbonari*, « dont le nombre, disait-elle, s'accroît par les nouvelles sectes qui s'y rattachent, surtout par celle des *universitaires*....... Elles ont adopté la forme républicaine et professent du mépris pour toute espèce d'autorité..... »

La bulle et l'édit causèrent de l'émoi dans les Etats de Rome. On disait qu'ils avaient été motivés par des renseignements secrets reçus dans l'instruction de la procédure de Ravenne, par une espèce de révolte des Etudiants de Bologne et par les progrès que continuait à faire la société des *carbonari*.

L'année précédente, une funeste insurrection avait eu lieu à Pavie. Huit Etudiants, pour s'être baignés à un endroit défendu, étaient traînés comme des malfaiteurs par des soldats et des gendarmes. Ce spectacle excita une indignation générale. Les cris : *dehors, dehors, en liberté, à bas les infâmes!* se firent entendre de toutes parts. Les corps de garde de la police, les gendarmes, les commissaires se postèrent à l'entrée de l'hôtel; leur présence et leurs menaces ne firent qu'augmenter l'effervescence et les cris; les professeurs et les employés de l'Université ne purent apaiser l'irritation de la jeunesse exaltée qui demandait à grands cris la mise en liberté de ses camarades arrêtés. Le jour baissait, la multitude grossissait sur la place, lorsque les soldats chargèrent leurs fusils en présence de tout le monde. Quelques personnes s'enfuirent; mais les Etudiants, irrités, au lieu de se laisser intimider, s'avancèrent contre la gendarmerie. Celle-ci se fit jour avec les sabres et les baïonnettes. Les Étudiants l'assaillirent avec de grosses pierres et les banquettes des cafés voisins qui tombaient sur la garde comme une grêle. C'est alors que les chasseurs tyroliens, venant au secours des gendarmes, firent feu sur les Etudiants désarmés, dont trois furent tués et un grand nombre blessé. Malgré l'impression produite par cette exécution militaire, la journée se passa tranquillement; mais, après les obsèques d'une des victimes, comme les Etudiants ne cessaient de réclamer leurs droits, les troubles recommencèrent. Un escadron de Hulans, les gendarmes et les tirailleurs tyroliens se répandirent dans les rues sabrant et fusillant tous les jeunes gens qui se trouvaient sur leurs pas. Cinquante-huit furent arrêtés; comme ils n'avaient sur eux aucune espèce d'arme, on les mit en liberté, à l'exception de deux, retenus pour d'autres faits. Le peuple appela ces deux journées *le Massacre des innocents.*

CHAPITRE VIII.

1827—1829. Mouvement politique et religieux.— Caractère de Manuel, ses obsèques. — Horrible scène aux funérailles de M. de Larochefoucauld.— Troubles du Collège de France.— Projets de la Congrégation contre l'enseignement.— Ordonnances de juin 1828.— Expulsion des jésuites. — L'abbé Feutrier.— Intrigue orléaniste. — Essai d'organisation occulte dans les Ecoles de Paris.— Projet d'association à la *Tribune*.

L'action secrète de la Charbonnerie allait s'amoindrissant à mesure que la lutte paraissait s'engager à ciel ouvert entre le catholicisme et la philosophie (1) ; toutefois il est essentiel de ne pas s'abuser sur la portée de ce débat, qui loin d'avoir le retentissement solennel de celui du dix-huitième siècle, se restreignait dans les bornes d'une polémique de journaux ou

(1) Une autre société se forma sous prétexte de venir au secours des détenus politiques ; c'est d'elle que naquit l'association *Aide-toi, le ciel t'aidera*, qui, pour les uns était une véritable conspiration, et pour les autres, un moyen d'influencer les élections.

d'une querelle entre gens de sacristie et fonctionnaires de l'Université. Les ultramontains résumèrent en un seul mot toutes leurs rancunes contre la centralisation de l'enseignement par l'Etat; ils appelèrent l'Université *la fille aînée de la Révolution*, nom glorieux que les libéraux de l'époque n'osèrent revendiquer et contre lequel, dans leur timidité, ils allèrent même jusqu'à protester. La philosophie et la politique, interprétées dans le sens de la révolution, les auraient ramenés, par la force de la logique, aux traditions de la Montagne; ils reculaient effrayés devant de telles conséquences et tremblaient de conclure. Aussi ne connaissaient-ils de la philosophie que l'éclectisme de M. Cousin, de la politique que la charte de Louis XVIII; du drapeau de la révolution, ils n'avaient pris que le mot *liberté*, principe dissolvant, dès qu'il est séparé de ses corollaires.

Un seul homme, à vrai dire, représentait à cette époque la grande tradition : c'était Manuel. Volontaire de 92, il avait conservé intactes les impressions et les idées de la révolution. Pendant les Cent jours, il avait posé en principe, dans la chambre des représentants, qu'à la nation seule appartient de choisir son gouvernement, et il avait fait inscrire ce principe fondamental dans la déclaration de 1815. Plus tard, admis avec Lafayette dans le comité directeur de la Charbonnerie, il le dépassait de toute l'énergie de sa volonté et de toute la netteté de ses convictions. Il imposait à ses amis par la puissance de son caractère et par la franchise de ses manières. Tout le monde acceptait sa supériorité; personne ne la subissait. On sentait qu'il portait en lui l'intelligence de la situation, et qu'au moment critique il pourrait seul faire face aux nécessités d'une transition. Aussi portait-il ombrage à l'ambition et à la pusillanimité des coryphées du libéralisme. Il avait déclaré du haut de la tribune que la France n'avait vu qu'avec répugnance le retour des Bourbons. Le jour même où il fut empoigné en pleine chambre par un gendarme, il avait dit en parlant des travaux de la Convention : « Trop jeune pour y prendre part, je me trouvais alors dans les rangs de l'armée, où l'on a dit que l'honneur français s'était réfugié. Toutefois je me hâte de déclarer que je n'accepte pas cet hommage rendu à l'armée aux dépens de la nation. L'honneur français était partout. Nous n'oublierons jamais que c'est au peuple que nous devons des bienfaits immenses et solennellement reconnus. Nous n'oublierons pas que si de glorieux combats ont amené l'indépendance de la patrie, c'est au patriotisme et aux vertus de nos pères que nous devons d'inappréciables réformes et tous les gages de sa prospérité. »

L'éloge de la Convention retentissait pour la première fois dans l'enceinte où avait régné la *chambre introuvable*, et certes il y avait du courage à évoquer ce majestueux souvenir qui est à la fois la gloire et la force de notre pays. La parole de Manuel rencontra de l'écho dans l'opinion publique. On aimait à le voir accepter sans peur et sans reproche l'héritage de la révolution, que tant d'autres répudiaient par manque de vues et par lâcheté. Le jeune Achille Roche ne craignit point de déclarer hautement que 93 *était le point culminant de l'histoire*.

On conçoit que Manuel, avec de pareils sentiments, ne pouvait envisager d'un bon œil la part que le duc d'Orléans prenait à l'exécution des plans de l'opposition ; il le regardait comme un instrument, mais un instrument dangereux. Aussi conseillait-il sans cesse à ses amis, et surtout au poète Béranger, qu'il affectionnait particulièrement, de se montrer on ne peut plus réservé avec le cousin de Charles X ; il lui fit même promettre de ne recevoir chez lui aucun des agents de la faction orléaniste. Cette parole ne fut pas tenue.

Les derniers mots prononcés par Manuel peuvent être regardés comme une prédiction que lui inspira la sûreté de son coup d'œil, car ils furent justifiés par les événements :

« Je serai votre première victime, dit-il d'une voix solennelle, puissé-je être la dernière ! Et si je pouvais être animé de quelque désir de vengeance, victime de vos fureurs, je confierais à vos fureurs le soin de me venger..... »

La mort ne laissa pas à Manuel le temps de voir s'accomplir cet arrêt jeté à la face d'un pouvoir condamné d'avance ; elle l'enleva en 1827 aux espérances du véritable parti républicain. Les Ecoles accoururent en foule à ses funérailles ; elles voyaient tomber en lui le plus ferme soutien de la cause de l'avenir. Les Etudiants voulurent porter à bras son cercueil, mais la police intervint ; alors ils le replacèrent sur le corbillard, coupèrent les traits des chevaux et s'attelèrent à leur place.

Le discours prononcé en cette triste circonstance par M. de Schonen, qui n'avait pas encore renié ses principes, fut des plus menaçants : « Les nations, disait-il, ont malheureusement, comme les individus, leurs moments de faiblesse et d'abandon, mais elles se réveillent... nous en attestons tes mânes généreux ! » Et il termina en s'écriant : « *Jurons de renverser une administration perfide et oppressive !* » Et vingt mille voix répétèrent ce serment.

Cette même année, un épisode affreux signala les obsèques du duc de Larochefoucauld de Liancourt, l'un des pairs les plus marquants de l'opposition dont on avait fait un héros de charité. En effet, il était à la tête de tous les établissements de bienfaisance, et protégeait spécialement l'École des Arts et Métiers de Châlons; et cependant, il avait été écarté en un seul jour de toutes ces places dans lesquelles il faisait du bien. C'était de la persécution et de la plus inique. Le jour où le bruit de sa mort se répandit, Paris fut en deuil... Une foule considérable se rendit au convoi, et les Élèves de l'École de Châlons voulurent porter le corps depuis l'hôtel du duc jusqu'à l'église. Ils se préparaient à le reprendre en sortant, pour le porter de même jusqu'à la barrière, d'où il devait être conduit à Liancourt, lorsqu'un commissaire de police ordonna de replacer le cercueil sur le corbillard. Les jeunes gens résistèrent et voulurent continuer; la police persistant, la lutte s'engagea et devint horrible, car elle avait lieu sur un cercueil..; bientôt le plus triste sacrilége fut accompli. Le cercueil, arraché des mains des jeunes gens, tomba rudement sur le pavé, se brisa et laissa voir le cadavre vénérable du bienfaiteur de tous. Les insignes de la pairie traînèrent dans la poussière. Ce fut un cri général d'indignation. Les soldats de la ligne, honteux d'avoir souffert un si déplorable scandale, passèrent une partie de la nuit à replacer les membres endommagés du cadavre et à réparer de leur mieux le cercueil.

Au mois de mai, des troubles éclatèrent au Collége de France; voici à quelle occasion. Deux candidats furent présentés pour succéder à la chaire devenue vacante par la mort du docteur Laënnec : c'étaient MM. Récamier et Magendie. M. de Corbière choisit de préférence M. Récamier qui avait une réputation de dévotion outrée. Aussi les élèves ne ratifièrent pas le choix du ministre. A peine le nouveau professeur eut-il paru en chaire, que les murmures et les sifflets l'empêchèrent de parler. On cria : « *A bas le dévot! A bas le jésuite! A bas l'élu de Montrouge!* » La jeunesse libérale demandait M. Magendie. Enfin, les Elèves en droit se joignirent à ceux de l'Ecole de médecine; des groupes se formèrent, et la gendarmerie fut appelée. A la leçon suivante, les commissaires de police et les gendarmes étaient en plus grand nombre dans la cour et sur la place du Collége de France; le cours du professeur fut interrompu par des sifflets qui l'accompagnèrent, à sa sortie, jusqu'au bas de la rue Saint-Jacques. La foule elle-même s'en mêla et jusqu'aux habitants du quartier. —Par la troisième fois, M. Récamier ne put faire son cours;

des groupes nombreux d'Elèves qui l'attendaient sur la place du collége lui témoignèrent de leur défaveur, motivée surtout sur l'ordre donné de fermer les portes, sur la présence des agents de la force armée et sur l'arrestation de quelques Etudiants avant même que le tumulte eût commencé. Néanmoins, après la promesse faite par le professeur d'obtenir leur mise en liberté, on le laissa achever sa leçon; l'irritation des Elèves ne commença sérieusement que lorsqu'ils virent conduire leurs camarades en prison, malgré la parole de M. Récamier. Les grilles furent fermées, et plusieurs jeunes gens, arrêtés et escortés par la gendarmerie, furent dirigés sur la préfecture de police. — Vers cinq heures du soir, le docteur Récamier fut reconnu en cabriolet sur les quais par quelques Etudiants en médecine. On le somma de mettre pied à terre et de venir à la préfecture de police réclamer les jeunes gens qui avaient été arrêtés. Les portes de la préfecture furent aussitôt fermées. La gendarmerie, le sabre nu, exécuta des charges sur les Etudiants qui se tenaient aux environs, et les poursuivit sur le quai des Orfèvres, vers la Morgue, et jusque sur le quai de la Barillerie. Plusieurs furent grièvement blessés.

Dans le tumulte de cette journée, on reconnut un mouchard qui fut maltraité. On trouva sur lui une carte d'électeur qui fut solennellement portée chez Benjamin Constant. Celui-ci adressa du haut de la tribune une vive interpellation sur les fraudes électorales et sur les agents de police porteurs de fausses cartes.

Le lendemain de ces troubles, on afficha dans le quartier des Ecoles un avis de M. Silvestre de Sacy, administrateur du Collége de France, qui suspendait le cours de médecine de M. Récamier. A l'avenir, nul ne pouvait assister à ce cours sans être porteur d'une carte délivrée par l'administrateur de ce collége : les *auditeurs* eux-mêmes devaient se présenter devant lui.

Cette affaire amena six prévenus devant le tribunal de police correctionnelle. Peyronnet, étudiant en droit; Collet, étudiant en médecine et Hardilliers, ouvrier, déclarés coupables de *tapage injurieux* sur la voie publique, furent condamnés à cinq jours de prison et 15 francs d'amende; Collay et Vaulcher, ouvriers, pour avoir frappé des agens de la force publique, à trois mois de prison; et Couder, autre ouvrier, pour provocation à la révolte, suivie d'effet, à deux ans de prison et cinq ans de surveillance! — Les feuilles libérales, qui avaient parlé avec force contre la brutalité de la gendarmerie, furent poursuivies, sur la plainte du colonel, et condamnées à 500 francs d'amende !

Les terribles destins qui pesaient depuis quatorze ans sur le gouvernement issu de l'étranger, étaient à la veille de s'accomplir. La désaffection était générale. Charles X venait de licencier la garde nationale de Paris, comme pour la punir de ses manifestations. Une émeute éclatait rue Saint-Denis, premier syptôme de l'ébullition populaire. Les Ecoles demeurèrent étrangères à cette tentative dont cependant quelques étudiants furent victimes. La police profita de ces troubles pour les provoquer et leur tendre des piéges. Auguste Blanqui, entre autres, étudiant en droit, que nous verrons jouer un rôle important dans la suite de cette histoire, reçut au cou une profonde entaille. Une femme, qu'il épousa plus tard, le recueillit, blessé, dans une sombre allée de la rue aux Ours ; il échappa ainsi à une mort certaine.

Le trône appuyé sur l'autel, c'était le rêve insensé de tous les anciens affidés du *gouvernement occulte*, de ceux qui avaient conspiré en faveur des jésuites et du comte d'Artois, sous le règne de son frère, et qui étaient sortis, depuis le sacre de Reims, des limbes d'un parti apocryphe, dans l'espoir d'aller occuper leur *tabouret* à la cour, comme au temps où la monarchie florissait. *On n'avait rien oublié* et *rien appris*, si ce n'est que la Bastille et les lettres de cachet étaient supprimées. De plus, on avait contre soi la presse et l'opposition ; et l'on ne pouvait opposer rien d'efficace à ces incorrigibles contradicteurs, à cette *mauvaise queue de Robespierre*. On attribuait tout le mal aux boutades philosophiques du comte de Provence, devenu Louis XVIII.

Mais il y avait exagération des deux parts, et surtout du côté des ultrà-royalistes. Les libéraux n'avaient rien de commun avec Robespierre, ils procédaient tout au plus des Girondins, moins le fédéralisme cependant. Il faut tenir compte toutefois à l'opposition de 1828 d'avoir résisté, avec cette conscience inébranlable, aux prétentions inouïes des ultras qui s'étaient mis en tête de *fédéraliser* l'instruction publique au profit de l'obscurantisme.

Leur projet le plus cher était de livrer l'enseignement national, l'Université elle-même, aux mains de la congrégation agissant en dehors de l'Etat, sous la domination d'un prince étranger. L'abbé Feutrier, ministre de l'instruction publique et des cultes, partisan des idées gallicanes, opposa sa volonté à ce torrent qui menaçait d'engloutir une de nos plus précieuses conquêtes. Après avoir, dans un rapport au roi, exposé les dangers qu'il y avait à abandonner, sans contrôle, l'éducation de la jeunesse aux sociétes religieuses, il déclara respectueusement que son dévoûment à la monarchie lui faisait un devoir de prononcer le renvoi immédiat du territoire des membres de la congrégation dite *de Jésus*. L'ordonnance en date du 16 juin 1828 soumettait, en outre, les Ecoles secondaires ecclésiastiques à de sages restrictions et règlementait le programme des classes supérieures de ces établissements ; l'étude de la réthorique et de la philosophie, par exemple, était exclusivement réservé aux colléges de l'Université.

Ce ministre, pour en agir ainsi, avait besoin d'une fermeté rare, si l'on considère sa position personnelle et le caractère ecclésiastique dont il était revêtu. Particulièrement doué des avantages de la figure alliés aux formes les plus séduisantes, l'abbé Feutrier était recherché à la cour comme un des personnages qui rehaussaient l'entourage d'étiquette du monarque. A ce titre, sa présence y était fréquemment réclamée sous le moindre prétexte. Jusqu'alors on n'avait vu en lui qu'un courtisan de marque, qu'un homme du monde de la plus exquise distinction ; on n'avait soupçonné de sa personne que les agréments de l'esprit rendus plus brillants encore par le prestige de la beauté physique. L'attrait qu'il inspirait lui avait valu le surnom familier *d'enfant gâté de la nature*. Mais quand on le vit user de sa prérogative de ministre et contrarier, par des vues dignes d'un homme d'Etat, les folles illusions de Charles X habilement entretenues par les hommes de la congrégation, la faveur générale dont il était entouré se changea en une haine sourde, implacable, telle enfin, que peuvent en concevoir des courtisans et des prêtres.

Le clergé du diocèse dont il était évêque souleva contre lui les préventions les plus injustes et des inimitiés si ardentes que le temps même n'a pu les vaincre. On l'attaqua du haut des chaires à l'aide d'allusions hypocrites qui manquaient d'autant moins leur effet, qu'elles distillaient le fiel sous une apparence d'onction. Charles X fit interdire au ministre qu'il chérissait la veille, l'entrée des Tuileries. On alla jusqu'à le frapper dans ses affections personnelles, qu'on brisa une à une. L'abbé Feutrier, habitué à des relations faciles, à des adulations continuelles, fut obligé de lutter contre son propre cœur. Quoique le sentiment d'avoir rempli un grand et pénible devoir adoucît l'amertume de son isolement, il tomba dans une profonde mélancolie en voyant le vide qu'on avait fait autour de lui. Il semblait atteint d'une maladie de langueur qui le conduisait insensiblement au tombeau. Il expira peu de temps avant la révolution de juillet. Le bruit public fut que, victime de la vengeance inexorable des jésuites, il était mort d'un poison lent.

Cette victoire remportée sur le parti ultramontain irrita la coterie qui gouvernait aux Tuileries et surexcita l'ardeur de ses désirs. On résolut d'en finir une bonne fois avec les institutions de la Charte et de revenir à l'absolutisme le plus pur. — Cependant une intrigue s'organisait en faveur du duc d'Orléans autour de Talleyrand ; l'abbé Louis, Decazes, Broglie, Pasquier en étaient les principaux agents. Le poète Béranger, tout puissant alors sur l'opinion, leur prêta l'appui de son influence, oubliant ainsi la recommandation de Manuel, qui n'était plus. Ce fut chez lui qu'on projeta la fondation du *National*, dans l'intérêt du duc. Thiers et Mignet, qui dînaient aussi souvent chez Talleyrand que chez Laffitte, devaient en diriger la ligne politique. Alexis Dumesnil, collaborateur de *l'Album*, sollicité de prendre part à la création du nouveau journal, refuse en disant qu'au duc d'Orléans il préfère le duc de Reichstadt, comme transition pour arriver à la République. — « Nous ne voulons pas de l'élève de l'Autriche, » répond Béranger. — « Et moi je ne veux pas de l'élève de la Genlis, s'écrie Dumesnil ; je crains un homme qui se sert des bienfaits dont l'a comblé sa famille pour essayer de la renverser ! »

Quant à Laffitte, qui avouait que le duc exerçait sur lui « l'empire d'une maîtresse, » on le laissa en dehors du complot, que du reste il n'aurait pas manqué de répudier ; on savait qu'on obtiendrait son concours dès qu'on lui parlerait d'agir au nom de la liberté.

Les plus actifs parmi les jeunes républicains des Ecoles, ainsi qu'une fraction importante de la Charbonnerie, tournaient leurs espérances vers Lafayette, qu'on regardait généralement comme la pierre angulaire de la République. C'était à la fois une grave erreur et un danger. Quelques-uns des chefs des hautes ventes savaient bien que le duc d'Orléans espérait triompher de la faiblesse de caractère de Lafayette ; en flattant la vanité du général, il était persuadé qu'il vaincrait sa résistance ; déjà il avait caressé son amour-propre en lui laissant espérer le mariage de son fils aîné, le duc de Chartres, avec l'une de ses petites filles.

Vers la fin de 1829, plusieurs Etudiants patriotes, entre autres MM. Sempoil, Divel, Vimal-Lajarrige, Danton et Moreau, conçurent un plan d'association. Ils se réunissaient dans la chambre de leur ami commun, M. Sabbatier, aujourd'hui sténographe au *Moniteur*. La conversation roulait toujours sur les moyens d'assurer au peuple les fruits d'une révolution que la folie furieuse du ministère Polignac rendait dès lors inévitable. La pensée d'une conspiration vint un jour à M. Moreau et fut accueillie avec enthousiasme; on y donna suite, mais en faisant subir à son projet de très-grandes modifications. M. Sempoil en parla à M. Morhéry (1), son compatriote, et bientôt il ne fut plus question d'une vaine conspiration, mais d'une association républicaine ayant pour but de provoquer l'insurrection à la première illégalité qui serait commise par le gouvernement, d'empêcher le peuple de se porter à des excès pendant le combat, et de faire tourner sa victoire au profit de la liberté.

Il avait été convenu que la base de l'association reposerait sur la *Déclaration des Droits de l'homme et du citoyen*, par Maximilien Robespierre. Mais on crut qu'il fallait de toute nécessité se placer sous le commandement d'un homme influent par sa position, et ce ne fut pas la chose la plus aisée. M. Morhéry fit à ce sujet des ouvertures au général Lamarque et à Voyer d'Argenson. Tout en prodiguant les promesses, ces messieurs refusèrent de prendre part à une résistance armée. Auguste Fabre, à qui les mêmes ouvertures furent faites, se montra moins timide. Trop peu connu pour prendre avec succès le commandement supérieur de l'association, il parvint à le faire accepter au général Lafayette, conservant pour lui-même la direction immédiate des mesures à prendre. Ce fut encore lui qui régla les statuts, ou plutôt qui exposa verbalement et fit adopter les bases du gouvernement à établir, en cas de succès. Ce sont ces bases qu'il a écrites depuis et publiées sous le titre de *Plan des républicains en juillet* 1830; ce travail révèle un génie organisateur, mais il contient de très-fausses appréciations sur les Montagnards de 93. Il ne faut peut-être y voir qu'une concession faite à l'opinion des libéraux timides; mais, sur ce point, A. Fabre

(1) M. Morhéry, depuis docteur médecin à Loudéac (Côtes-du-Nord) et représentant du peuple à la Constituante, fut sans contredit l'un des hommes qui contribuèrent le plus à la révolution de 1830, et qui montrèrent, avec beaucoup de courage, une vraie portée politique, avant, pendant et après les événements. (J. Sabbatier. *Vie d'Auguste Fabre*, publiée en tête de ses œuvres.)

était en contradiction formelle avec quelques-uns de ses co-accusés, qui sacrifiaient ainsi leurs idées les plus chères au besoin momentané d'harmonie et d'unité, quitte à les revendiquer plus tard, quand l'instant de les appliquer serait venu.

L'organisation ne fut définitivement constituée qu'au commencement de juillet 1830; mais n'anticipons pas sur les événements qui appartiennent au chapitre suivant. Déjà, dans les premiers mois de 1829, M. Morhéry, étudiant en médecine, avait exposé le plan d'une association au journal *la Tribune des départements*, rédigé par les frères Auguste et Victorin Fabre. L'auteur y avait rattaché l'heureuse et noble idée d'une caisse commune des Ecoles, dans le but de venir au secours des jeunes gens auxquels leurs moyens ne permettaient pas d'entreprendre ou d'achever leurs études.

L'accomplissement de ce projet, dont le but fondamental était de réunir les jeunes Français qui avaient échappé à l'influence des doctrines de l'invasion, demandait un temps plus calme; et déjà l'orage se formait dans l'air.

Les rédacteurs de *la Tribune* répondirent à cet appel dans une note ajoutée au prospectus publié le 15 mai 1829 :

« L'esprit de parti et l'intolérance contre lesquels ont trop souvent à lutter les jeunes médecins, les jeunes avocats qui débutent dans leur carrière, viennent de nous être signalés dans un *Projet d'association à la* TRIBUNE, publié par M. Morhéry, étudiant en médecine, au nom de ses condisciples. Nous avons entendu d'illustres citoyens accorder à ce projet et à ses auteurs une approbation qui, décernée par de tels juges, devient une récompense. Quant à nous, persuadés qu'aucune feuille publique ne peut être complétement le *journal de la patrie* sans être aussi, à certains égards, le journal des grandes écoles, nous accepterons avec empressement l'alliance qu'elles nous font espérer, et qui entre d'autant mieux dans nos vues que, cherchant à rapprocher tous les patriotes en donnant un organe commun à toutes les pensées patriotiques, nous avons surtout ambitionné de mettre toujours plus en rapport de sentiments et de doctrines, dans les provinces comme dans la capitale, d'un côté, ces hommes rares sortis purs des épreuves qui, depuis quarante ans, se sont multipliées sous tant de formes; de l'autre, cette élite des jeunes Français appelés, par leurs études comme par leur position sociale, à exercer une grande influence sur la génération qui s'élève, et à la guider par leurs exemples dans la carrière du dévouement à une patrie dont ils sont le plus cher et le plus noble espoir. »

Au moment où cette note était publiée, la dissolution de la chambre élective paraissait imminente. La jeunesse, qui possède un admirable instinct de l'avenir, comprenait qu'elle devait se préparer à une lutte prochaine. Aussi, elle comptait ses recrues comme à la veille d'une bataille.

CHAPITRE IX.

1830. — Histoire de l'*Association de janvier.* — Son organisation ; ses principes. — Réunions d'étudiants. — Les cors de chasse. — Banquet breton. — Banquet du Berry. — Plan de résistance au projet de coup d'Etat.— Promesses de Lafayette.— Fête au Palais-Royal.— Banquet républicain au faubourg Saint-Antoine. — Publication des ordonnances ; 26 juillet. — Réunion chez M. Armand Marrast et chez M. de Laborde. — Serment de la *Chaumière.*

L'année 1830 s'ouvrit sous d'heureux auspices. Avec elle commença à se former le noyau de la résistance au sein de la jeunesse. On convint de lui imprimer une direction toute républicaine, et pour qu'il n'y eût pas d'équivoque sur le but, les chefs de ventes exigèrent de tous leurs associés un serment de fidélité aux principes de la *Déclaration des Droits de l'homme et du citoyen* de Robespierre.

Tandis que les meneurs du parti bourgeois et de la faction orléaniste laissaient, sous prétexte de légalité, flotter le mouvement au gré des rivalités de coteries et des mesquines ambitions, quelques jeunes gens jetaient un puissant contrepoids dans la balance, en organisant un centre d'action dans les Ecoles.

Auguste Fabre, lié avec le général Lafayette, proposa à ces jeunes gens de les mettre en rapport direct avec lui, afin de faire rayonner, soit à Paris, soit dans les départements, une association destinée à prendre les armes dès que le ministère Polignac oserait mettre à exécution les sinistres projets que tout le monde pressentait. Lafayette accepta sans difficulté, en affirmant que ses principes étaient ceux proclamés dans la *Déclaration des Droits*, et que si la royauté provoquait la France à une lutte nouvelle, le premier devoir de l'organisation serait de faire triompher la République une et indivisible. Ces sentiments étaient trop conformes à l'esprit des Etudiants pour qu'ils ne recherchassent point avec empressement l'appui d'une aussi haute influence, qui promettait de s'exercer dans la latitude de leurs prétentions. Il fut convenu cependant que Lafayette resterait en dehors de l'action jusqu'au moment décisif; que Fabre servirait d'intermédiaire entre le général et les affiliés; qu'enfin le journal *la Tribune* serait l'organe de l'association. Danton devait étendre les affiliations parmi les gens de lettres, Sempoil parmi les ouvriers et les jeunes gens du commerce, et Morhéry parmi les étudiants. Il fut arrêté, sur la proposition de ces trois chefs, qu'on renoncerait au système des ventes de carbonari, qui se fractionnaient par dix-neuf ou vingt individus, ce qui ne permettait pas d'apprécier la valeur morale de chacun d'eux. Cette précaution était justifiée par les trahisons qui avaient fait avorter diverses conspirations : l'affaire Caron, l'affaire Berton et celle des sergents de La Rochelle. Personne n'ignore, en effet, qu'il existe aujourd'hui des hommes qui doivent leur opulence ou leur haute position à l'espionnage et à la vente des secrets de complots dont ils étaient eux-mêmes les instigateurs.

Chaque vente fut donc composée de quatre membres, plus un chef. Chacun des affiliés avait le droit de former une vente inférieure dont il devenait naturellement le directeur; mais il ne pouvait étendre l'initiation au-dessus du nombre quatre, et même on lui conseillait de s'abstenir s'il ne connaissait pas d'hommes sûrs. On *pouvait* s'armer pour la lutte; mais cette mesure n'était pas obligatoire. La conseiller sans la prescrire, c'était un moyen certain de juger le zèle et la bonne volonté des affiliés.

Grâce à l'activité des Etudiants, cette société étendit partout ses ramifications. On l'appela l'*Association de janvier*, du nom du mois où elle fut définitivement constituée (19 janvier 1830). Ses trois promoteurs formaient le conseil supérieur. On attribua à Lafayette le titre de chef suprême, titre purement honorifique. Auguste Fabre, qui tenait les fondateurs de l'association en rapport avec le général, la commandait en second. Il y entra quelques députés, des militaires de tout grade, des jeunes médecins, un grand nombre d'Etudiants de toutes les Facultés et jusqu'à des pompiers, qui livrèrent leurs armes à leurs co-associés au moment du combat. Sempoil avait embauché presque tous les cochers de fiacre. En peu de temps les ventes se répandirent dans la capitale, où elles comptaient 15,000 hommes, outre le contingent que fournissaient les départements.

Les vacances approchaient; l'agitation augmentait dans les Ecoles où la question politique préoccupait tous les esprits. Sous prétexte d'établir des maisons de plaisir en concurrence avec celle de la *Chaumière*, les Etudiants se réunissaient fréquemment au nombre de 12 à 1,500 à l'*Elysée des dames* (boulevard Montparnasse), et là, nommant un président et un bureau, ils délibéraient sur les questions à l'ordre du jour. *La Gazette de France* signala ouvertement une de ces réunions et appela contre elle les rigueurs de la police, dans un article qui se terminait par ces mots : « Qui commande ce mouvement et que demandent ces hommes?... » Un étudiant publia une réponse ironique dans *l'Album*, dirigé par Magallon. Il se moquait avec beaucoup de grâce des vives inquiétudes que jetait dans le monde royaliste le bruit des cors de chasse, instrument alors en faveur chez les Etudiants. « *Si* et *la*, disait-il, rien que deux notes! Il n'en fallut pas davantage pour renverser les murailles de Jéricho!... » Cet article, lu à une réunion suivante, y fut vivement applaudi. Le côté sérieux de ce fait est que la police voyait dans l'usage du cor de chasse un signal convenu entre tous les jeunes patriotes. Cependant on n'osa pas le proscrire.

La lutte devenait probable; le général Lafayette entrevoyait lui même la nécessité de s'y préparer. Au commencement de juin, il assista au banquet annuel des jeunes Bretons et n'y cacha pas sa pensée, malgré la présence des députés ses collègues, MM. Guilhem, président du banquet, Lariboissière, Kératry, Lanjuinais et Gohier, ancien président du directoire : « On me reproche de vouloir vous armer, de vouloir armer la nation, et l'on me demande pourquoi et contre qui. Pourquoi? disait le général, parce que nos libertés sont menacées. — Contre qui? contre les descendants de Pitt et de Cobourg, contre les éternels ennemis de la France qui veulent nous ramener l'étranger et détruire nos institutions nationales... »

M. Guilhem fils répondit par ces paroles, dans un toast adressé *A nos anciens :*

« Et vous, vénérables têtes blanchies par l'âge, vous qui restez au milieu de nous comme des débris respectés par la tempête, dites, si la voix de l'honneur nous appelait encore à défendre nos libertés publiques, votre cœur ne battrait-il pas à l'unisson des nôtres?... » M. Gohier, sentant ses quatre-vingt deux ans réchauffés par le patriotisme de toute cette jeunesse qu'il voyait devant lui, prononça un discours dont l'ardeur révolutionnaire impressionna au plus haut degré les assistants.

Au sortir de ce banquet qui avait lieu dans la salle du Tivoli d'hiver, rue de Grenelle Saint-Honoré, la police chercha à provoquer des troubles qui furent évités par la prudence des Étudiants et le concours des Ouvriers. Ils accompagnèrent Lafayette jusqu'à son domicile, rue d'Anjou. Le retentissement de cette manifestation fut immense sur l'opinion publique, déjà si hostile au cabinet du 8 août.

Des banquets étaient organisés par départements; seulement, pour y réunir des masses plus compactes, on les désignait sous le nom des anciennes provinces. Celui du Berry fut un des plus caractéristiques; il eut lieu aux Vendanges de Bourgogne. A côté du buste de Charles X, on avait placé celui de Lafayette; le comte Jaubert, depuis pair de France, prit solennellement le buste du roi et le lança par la fenêtre, où il alla se briser sur le pavé, aux applaudissements de toute la foule. Tandis qu'on délibérait pour savoir si l'on porterait un toast à la Constituante, le jeune Félix Pyat, étudiant en médecine, prit la parole en déclarant qu'il buvait à la mémoire de la Convention, qui était sacrée pour tous ceux dont le cœur respirait un patriotisme sincère. La jeunesse applaudit avec enthousiasme à ce toast, rendu encore plus saillant par l'expression énergique et fière de celui qui le prononçait. C'était la révolution nouvelle qui s'annonçait; les libéraux marquants semblèrent le pressentir, car ils gardèrent le silence. Quelques-uns seuls, cédant à l'entraînement, firent chorus avec ceux qui voyaient devant eux autre chose que la Charte.

On touchait à l'instant critique; les membres de la première vente de l'*Association de janvier* se rendirent chez le général Lafayette pour combiner avec lui un plan d'attaque ou de défense. La conférence eut lieu dans son cabinet particulier. Sur l'avis d'A. Fabre, de Morhéry et de Danton, il fut convenu qu'on arborerait le drapeau de la résistance dans les départements, afin de détourner de la capitale une partie des forces militaires que le pouvoir ne manquerait pas d'y concentrer. La base des opérations était de provoquer partout le refus d'impôt, en cas de coup d'Etat, et de défendre à tout percepteur, sous peine de mise hors la loi, de verser l'argent des contribuables dans les caisses d'un gouvernement parjure. Les jeunes gens des Ecoles, répandus dans tous les arrondissements pendant les vacances, auraient, à un signal convenu, rendu impossible par tous les moyens la perception des impôts. On devait accorder protection et défense au contribuable qui refuserait l'impôt, et attaquer tout percepteur, huissier ou recors, en cours de poursuite contre les opposants. Si la résistance, d'abord passive, était combattue par la force publique, on devait s'emparer de tous les fonds de perception et repousser la force par la force. Cette résistance légale n'était que la conséquence de l'*Association bretonne* pour le refus de l'impôt, dont Lafayette et plusieurs députés avaient signé les statuts.

Ce plan fut arrêté, après mûre discussion, par le général et par les membres de la première vente.

L'organisation était complète; elle n'avait plus qu'à se livrer à sa propagande toute d'action, en attendant les événements. De temps à autre, le conseil supérieur se réunissait secrètement chez Lafayette, et se concertait avec lui sur les mesures immédiates. Un jour, le citoyen Danton proposa de la part d'André Marchais, disait-il, l'admission d'un personnage haut placé, riche, influent, qui devait fournir dix mille fusils, mais à la condition de faire partie de la première vente. Cette proposition, acceptée sans difficulté par les membres de cette vente, fut combattue énergiquement par le général; voici par quels motifs : « Je suis tout « prêt, disait Lafayette, à me soumettre à vos volontés; je « prévois le personnage que vous voulez me présenter : « c'est Laffitte, un excellent patriote, et je l'admettrais per« sonnellement; — mais je vous en supplie, ne vous com« promettez pas par l'admission de personnages haut pla« cés, d'hommes politiques connus; comprenez bien la po« sition dans laquelle vous vous êtes mis, et rappelez-vous « les déceptions qui ont signalé l'affaire de la Rochelle et celle « de Béfort. Vous êtes des hommes jeunes, sans antécédents, « et mûs seulement par des sentiments généreux; vous n'a« vez point de position politique à défendre : si vous admet« tez parmi vous des hommes qui ont pris position, vous « en serez dupes, et vos principes aussi...— Moi, par exem« ple, ajouta le général, j'ai reçu aussi des propositions d'un « personnage éminent; ce personnage serait à même de « nous fournir des armes, de l'argent, et même des hom« mes; car il a une organisation qu'il voudrait fondre avec « la nôtre. Je le connais pour un excellent patriote, pour « un homme très-populaire et très-influent. Je le crois « franc, et je n'ai aucun soupçon sur sa sincérité; mais je « me défie de mon amitié trop confiante, et je craindrais « qu'en cas de triomphe on le portât à en abuser pour re« constituer une monarchie; car remarquez-le bien, mes « jeunes amis, dit-il en prenant les mains du jeune Mo« rhéry, cette fois-ci, si nous triomphons, *c'est pour la Ré« publique*... Ainsi, que notre victoire devienne celle des « idées républicaines !... »

Quelques jours après, le général, qui aimait beaucoup à rassurer ses jeunes co-associés sur ses intentions, disait à Auguste Fabre, en présence des autres membres de la première vente : « Je reçois dans mes salons madame ***, qui, comme vous le savez, est liée avec Charles X et le connaît, ainsi que moi, depuis sa jeunesse ; elle m'a dit, et j'en suis enchanté, que le roi savait m'apprécier, et qu'il lui répétait l'autre jour : « *Je ne connais que deux hommes en France* « *qui n'aient pas changé, Lafayette et moi!* Nous avons été éle- « vés ensemble ; nous avons en quelque sorte sucé le lait de « la même nourrice. Depuis notre très-jeune âge, nous « nous sommes divisés pour suivre chacun notre ligne de « conduite. Lafayette est républicain, moi je suis roya- « liste.... »

Quelques jours après le banquet breton, le duc d'Orléans donnait, au Palais-Royal, une fête splendide à Charles X et au roi de Naples qui n'avaient pas entendu l'allusion de M. de Salvandy au duc : « *Nous dansons sur un volcan.* » Cette nuit même on voulut essayer d'une émeute. Quelques-uns de ces hommes sans nom qui vivent de la honte des prostituées excitèrent un tumulte affreux dans le jardin du Palais-Royal; des chaises et des lampions furent lancés au milieu des invités..., mais pas un cri de l'opinion ne s'éleva. A ces êtres impurs et soudoyés n'appartenait pas l'initiative de la lutte; de la jeunesse seule et du peuple qui l'aimait alors dépendait la cause de l'avenir.

Le jour même de cette fête, vingt ouvriers imprimeurs et vingt élèves de l'Ecole polytechnique se réunissaient dans un banquet au faubourg Saint-Antoine. On y but à l'abolition de la royauté absolue. On n'osa pas porter ouvertement de toast à la république; mais l'idée était exprimée dans ce double vœu : « *A la haine de ce qu'on estime le moins!* A l'amour de ce qui nous est plus cher que la vie (1)! »

Le 26 juillet, au moment où on s'y attendait le moins, le coup d'Etat éclata par la publication des ordonnances qui suspendaient les libertés de la Charte. Les écoles étaient dégarnies, car c'était à la veille des vacances Le général Lafayette se trouvait à sa campagne de La Grange, de sorte que l'association, livrée à elle-même, était privée de son chef principal et d'une partie de ses membres les plus dévoués. Cependant ceux qui étaient présents à Paris ne restèrent pas inactifs. Dès le soir, plusieurs d'entre eux se réunirent au passage Saulnier, chez M. Armand Marrast, alors

(1) J. Peuchet. *Mémoires tirés des archives de la police*, t. VI.

connu des étudiants par les démarches qu'il faisait auprès d'eux pour mettre sous leur patronage son journal *le Patriote*, qu'il avait fondé de concert avec M. Franck, avocat. Cent personnes environ étaient présentes à cette réunion, composée en grande partie d'étudiants et d'hommes de lettres; la question y fut nettement tranchée. — Que doit-on faire? — A l'unanimité: Se révolter... — Doit-on commencer le mouvement à Paris ou dans les départements? Sur ce point, les avis furent partagés. Presque tous les membres de l'*Association de janvier* voulaient commencer par la province, afin d'engager une lutte plus intense, plus profonde, et d'éviter par là un simple changement de cabinet ou une révolution de palais. Fidèles au plan convenu avec Lafayette, ils soutinrent vigoureusement cette opinion. Elle fut énergiquement réfutée par Marrast, qui demandait l'insurrection immédiate, *hic et nunc* (ce fut son mot). Cette motion, qui répondait au vœu général, rallia les dissidents; et comme des patrouilles nombreuses commençaient à circuler dans le quartier, on descendit en toute hâte avec la résolution de provoquer l'engagement par quelques escarmouches, en brisant les lanternes, afin d'attirer la troupe et d'en venir aux barricades.

Quelques-uns se rendirent rue d'Artois, chez M. Alexandre de Laborde, où une réunion avait été improvisée par les hommes influents du parti libéral. Ils y arrivèrent en même temps qu'une députation de l'Ecole de droit. Un étudiant, prenant la parole au nom de ses camarades, déclara que sans hésiter on devait mettre les Bourbons hors la loi. M. de Laborde coupa court à cette proposition hardie par l'allocution suivante: « Messieurs, vous avez raison; ce ne sont « plus de vaines paroles que réclame de nous le pays; une « action unanime, forte et puissante, peut seule sauver nos « libertés. Allez dire à vos camarades que vous nous avez « trouvés animés des mêmes sentiments que vous, et prêts « à remplir les mêmes devoirs, à courir les mêmes dangers. « Allez, messieurs, réunissez-vous en plus grand nombre; « ce soir, à dix heures, nous vous ferons connaître ce que « nous avons résolu. » Le soir, les jeunes gens revinrent en masse plus compacte, au nom d'une association considérable. Se portant forts pour toute la jeunesse, ils annonçaient qu'ils étaient décidés à prendre les armes, et offraient aux députés une garde qui protégerait leurs délibérations partout où ils voudraient se réunir.

Les députés n'osèrent pas se prononcer dans le sens de la résistance, environnés comme ils l'étaient à ce moment par des détachements nombreux de troupes et de gendarmerie, au bruit des charges qui se faisaient déjà dans la rue, à la porte même de la maison; ils temporisèrent et convinrent d'un point de réunion pour le lendemain, chez M. Audry de Puyraveau (maison de roulage, rue du faubourg Poissonnière, n° 40). Quelques députés furent chargés ou s'offrirent d'y porter un projet de protestation, et l'assemblée se sépara avec précaution. Déjà plusieurs jeunes gens avaient été blessés dans les charges faites à la porte de la maison de M. de Laborde.

Pendant que le sang commence à couler, une scène non moins émouvante, si ce n'est plus dramatique, se passe boulevard Montparnasse, au bal de la *Chaumière*, et rappelle, avec des proportions plus larges, le fameux serment du Grutli.

Ce soir-là, 26 juillet, la foule encombre les avenues du jardin. A la première nouvelle des ordonnances, une sourde agitation parcourt les groupes. Les quadrilles s'arrêtent; on s'interroge, et la même exaltation dicte les réponses. Une grande et sainte colère enivre tous les cœurs; l'enthousiasme s'allume comme une traînée de poudre. L'orchestre, électrisé, exécute ces vieux airs qui ne se sont pas réveillés depuis 92; tout le monde les répète en chœur : les mains se cherchent et se pressent d'une façon significative. On monte sur les siéges, on s'embrasse, et, les bras tendus, tous jurent, dans un sublime transport, de vaincre ou de mourir pour la liberté. Plus d'une jeune fille encourage ce noble serment et fait de son ami un héros. Demain, elle sera près de lui dans la bataille; s'il tombe, elle ralliera ses frères d'armes pour le venger, ou bien elle portera des munitions et relèvera les blessés dans la mêlée...

A demain donc!... la France révolutionnaire va enfin revivre dans ses plus jeunes enfants...

CHAPITRE X.

—

1830. — Les Ecoles et le mouvement pendant les trois jours, 27, 28 et 29 juillet.

27 *juillet.* — Nouveaux Camille Desmoulins, des jeunes gens montés sur les bancs de pierre du jardin du Palais-Royal commentent les ordonnances du 26 et appellent le peuple aux armes en lui peignant sous les couleurs les plus ardentes l'odieux de cet attentat qui viole toutes les libertés.

Les chefs de la presse se réunissent pour protester, d'abord chez M. Dupin, puis dans les bureaux du *National,* alors dirigé par MM. Thiers et Mignet. Auguste Fabre signe la protestation, toute faible qu'elle lui paraît ; mais il perd un temps précieux à chercher un imprimeur pour *la Tri-*

bune, dont M. Pihan Delaforest, effrayé, refusait de continuer l'impression, à moins d'une garantie de 200,000 fr.

Cependant une foule de membres de l'*Association de janvier* et d'Etudiants des deux écoles, les uns armés d'épées ou de pistolets, les autres sans armes, accouraient au bureau de rédaction de *la Tribune* et demandaient une direction. Danton y arrive, vers trois heures de l'après-midi, et dit à Fabre qu'en parcourant, avec quelques amis, le faubourg Saint-Marceau, il l'avait trouvé prêt à l'insurrection; qu'on pouvait, le lendemain matin, soulever une grande partie des ouvriers. Il demandait en même temps à ce jeune écrivain des conseils et un plan. La réponse de Fabre était celle-ci : Comment, sans armes, tenter une entreprise vraiment militaire?... Il fallait profiter de la disposition des esprits en jetant, de toutes les manières, de la perturbation dans Paris, afin d'augmenter l'effervescence, intimider et entraver les troupes qu'on ne pouvait gagner, casser les réverbères, intercepter les rues à l'aide de barricades, désarmer en même temps les petits postes pour trouver des armes et asseoir, dans les divers quartiers, des camps insurrectionnels où l'on se rallierait.

Danton se rend à ces raisons et passe une partie de la soirée à chercher des armes. On lui en promet une assez grande quantité. Le lendemain, le faubourg Saint-Marceau répond à son appel, comme il l'avait prévu. Cinq à six mille hommes le suivent; il les laisse aux abords du pont Saint-Michel, tandis qu'avec un petit nombre d'entre eux et quelques jeunes gens de l'*Association de janvier*, il va chercher les armes qu'on lui a promises; mais on ne peut les lui remettre... Beaucoup de ceux qui disposaient alors des munitions et des ressources de l'insurrection, rêvant encore la légalité et n'osant prévoir les suites de la fureur populaire, mettaient toute leur prudence là où devaient se montrer le patriotisme et le courage. Désolé de ce contre-temps, Danton veut cependant rejoindre les insurgés qu'il a réunis; mais il trouve le passage des ponts coupé et est obligé de se battre sur la rive droite comme un simple soldat, séparé qu'il se trouve de ses amis et des ouvriers dont il était connu (1).

(1) C'est ce qui est arrivé à tout le monde dans cette lutte d'un genre

De leur côté, MM. Delaunay, Sabbatier, Sempoil et Petit-Mengin (aujourd'hui officier distingué dans la ligne), sortaient des bureaux de *la Tribune* à la tête de quelques ouvriers. Les reverbères commençaient à tomber dans le Pays-Latin, sans que le mot d'ordre eût été donné; et vers le soir, un homme s'élançait sur le quai de l'Ecole, agitant un drapeau tricolore. Ce fut le signal de la lutte.

Une réunion de députés avait lieu chez Casimir Périer; on y parlait beaucoup de légalité. Quelques jeunes gens, croyant qu'il s'agissait d'autre chose, étaient venus applaudir sous les fenêtres de l'hôtel. Ils furent bientôt chargés par les gendarmes; quelques-uns furent blessés, et Casimir Périer fit fermer sur eux les portes de sa demeure!

Les élèves de l'Ecole polytechnique sont informés de ce qui passe par un de leurs camarades, M. Charras, chassé de l'Ecole pour avoir, quelques mois auparavant, chanté la *Marseillaise* dans un banquet. Au bruit de la fusillade, leur exaltation ne connait plus de bornes. Ils se réunissent dans les salles de billard, au mépris de leurs chefs, et députent vers MM. Laffitte, Périer et Lafayette, quatre d'entre eux, MM. Lothon, Berthelin, Pinsonnière et Tourneux. Ceux-ci s'adjoignent M. Charras, chez qui ils prennent des habits bourgeois; puis ils se rendent près de Lafayette pour lui déclarer, au nom de l'Ecole, que tous ils sont prêts à appuyer les mouvements. On sait l'incroyable réponse que leur fit le général : *Conseillez à vos camarades de se tenir tranquilles.*

MM. Charras et Lothon se présentèrent une seconde fois chez lui, le lendemain matin; on leur répondit qu'il était absent.

Journée du 28. — Ne prenant conseil que d'eux-mêmes, les élèves de l'Ecole polytechnique passent la nuit à s'improviser des épées en aiguisant des fleurets sur le pavé des cours. — Il faut savoir que, sous la Restauration, ils étaient sans armes, à l'exception des sergents, qui portaient l'épée.

nouveau. Bien des personnes se sont vantées d'avoir dirigé les manœuvres du peuple; j'avoue que je n'en conçois pas la possibilité. Quelques hommes ont aidé à mettre la population sur pied; mais une fois en mouvement, la population a tout fait de son chef, chacun inspiré par les circonstances, par le lieu où il se trouvait.... (A. Fabre.)

Le matin on leur dit qu'une ordonnance licencie l'école. Ils poussent des cris de triomphe auxquels vient se mêler le bruit de la fusillade. Déjà ils ont revêtu l'uniforme de grande tenue, comme s'il s'agissait d'une fête, et brûlent d'aller combattre. Mais le commandant a fait fermer les portes; en vain on somme les chefs de les ouvrir; ils refusent obstinément. C'est alors que l'intrépide Vanneau s'écrie : « On ferme les portes, eh bien ! franchissons les murs; le sang des patriotes coule, mêlons-y le nôtre. » En même temps, il s'élance sur la muraille, et ses camarades le suivent. Ils descendent la Montagne Sainte-Geneviève. A leur vue, l'enthousiasme éclate dans un immense cri : « Vive l'Ecole polytechnique ! » auquel l'Ecole répond par celui de : « Vive la Charte et la liberté ! » — L'un d'eux, arrachant de son chapeau la cocarde blanche qu'il foule aux pieds, pousse un cri plus significatif : « A bas les Bourbons ! » que répète en un chœur formidable toute la colonne.

Ces braves jeunes gens, portés sur les bras du peuple, se répandent partout, sur les quais, dans les rues, sur les boulevards, haranguent et organisent les combattants. On les improvise généraux sur le champ de bataille.

Des hauteurs du faubourg Saint-Jacques descendent, mêlés aux ouvriers, un grand nombre de jeunes gens armés de fusils de chasse, et pistolets à la ceinture.

A dix heures, la plupart des Etudiants républicains arrivent au rendez-vous qu'ils s'étaient donné au café Raguenne, rue Dauphine (aujourd'hui estaminet Flamand). Des noms de quartiers sont mis dans un chapeau et tirés au sort entre les jeunes gens qui doivent aller organiser l'insurrection sur les divers points stratégiques. Papu, étudiant en médecine, désigné pour la place de Grève, part avec plusieurs de ses amis, dans le but de seconder la masse de combattants qui tenaient en échec l'Hôtel-de-Ville. Il y parvient, suivi d'une colonne d'ouvriers et de jeunes gens, qui est décimée tout d'abord par un feu de peloton. La colonne se débande à cette première attaque, lorsque Papu, irrité, s'écrie : « Eh bien ! je vais vous apprendre à mourir ! » Ses camarades se retranchent aussitôt dans une petite rue, derrière une maison en construction, et veulent l'y entraîner; mais lui, sans rompre d'une semelle, fait feu sur les Suisses, devant une pièce qu'on démasquait, et tombe broyé par la mitraille. Son agonie dura quatre heures ; il expira dans une loge de portier du quai Pelletier où on l'avait transporté. Son dernier mot fut celui-ci : « Maudit Charles X !... Dites à mes amis les Bretons de continuer la lutte... » Ses amis, malgré leurs démarches, ne purent retrouver son corps ; mais son nom est gravé sur la colonne de Juillet, et Rennes, sa ville natale, lui a érigé un monument sur la promenade la plus fréquentée. Là aussi, à l'attaque de l'Hôtel-de-Ville, tomba Labarbe, étudiant en médecine, les jambes fracassées par une balle. Il mourut, quinze jours après, des suites de l'amputation, qu'il supporta la pipe à la bouche.

Les jeunes gens de l'Association font entendre le cri de : « Vive la nation ! » Ils élèvent sur quelques bâtons des écharpes tricolores et rendent à la France son drapeau. Les ouvriers imitent leurs cris, mais en y joignant encore par habitude celui de : « Vive la Charte ! » que leur recommandent toujours les hommes du parti Périer (hommes de transaction entre l'émeute et Charles X) et ceux du parti Talleyrand (faction orléaniste). Ils ont beau protester contre l'apparition des trois couleurs : le peuple défend contre eux l'étendard de la patrie...

Sur l'invitation d'Auguste Fabre, Sabbatier va, suivi de quelques amis, faire sonner le tocsin aux Petits-Pères et détruire les articulations du télégraphe, qui, du haut de la tour de cette église, appelait, disait-on, des troupes à Paris. Vers onze heures, le bruit sinistre du tocsin se mêle aux détonations de l'artillerie, qui recommence à gronder. On façonne à la hâte des cocardes tricolores, qui se distribuent malgré les scrupules des affidés de Casimir Périer. Cependant leurs réclamations sont plus puissantes contre *la Marseillaise*, que Fabre avait recommandé de chanter : « Nous aurions l'air d'être en révolution, » répondent-ils aux protestations des jeunes gens, et en disant cela ils marchaient dans une colonne serrée, précédés du drapeau tricolore et du drapeau noir (1) !

Les rédacteurs et les amis de *la Tribune* avaient entassé dans les bureaux une quantité considérable de pavés, et at-

(1) *La Révolution de 1830 et le véritable parti républicain*, par A. Fabre, t. I.

tendaient, sous les armes, le moment d'agir. En même temps plusieurs centaines de citoyens se formaient sur la place des Petits-Pères, où ils déployaient le drapeau noir. Près d'eux stationnait le 15e léger, dont Sabbatier et ses amis tenaient, de leurs fenêtres, les officiers couchés en joue, lorque A. Fabre leur défendit de tirer : on venait de lui assurer que ce régiment tournait du côté du peuple. Une heure après cependant, dans la rue des Prouvaires, il tirait à bout portant sur ces mêmes citoyens qui l'avaient escorté depuis la place des Petits-Pères, aux cris de : *Vive le 15e léger!*

Dans la soirée, un faible corps d'insurgés, parmi lesquels se trouvait Danton, poussa une reconnaissance jusque dans le Marais. Ils y rencontrèrent la seconde ligne militaire qui appuyait celle de la place de Grève, l'attaquèrent et la rompirent. Dès ce moment, les insurgés massés dans le faubourg Saint-Antoine purent se répandre vers le centre de Paris; et la position de l'Hôtel-de-Ville fut compromise.

La panique était au camp des notabilités bourgeoises et des soi-disant directeurs du mouvement. M. Audry de Puyraveau, ayant donné rendez-vous dans la journée aux députés dans son hôtel, avait jugé à propos de prévenir un certain nombre d'Etudiants et d'Ouvriers, pour raffermir le courage tremblant de ses collègues et les pousser à une résolution énergique. C'est là qu'on put voir pâlir sous l'œil de la jeunesse et du peuple les Guizot, les Sébastiani et les Dupin, prêts à faire acte de soumission à Charles X.

29 *juillet*. — Ce jour-là, la prise d'armes fut générale dans le quartier Latin. Dès le matin, quelques élèves de l'Ecole polytechnique frappaient aux portes des hôtels garnis en criant : *A nous les Ecoles*!...

La caserne de la rue de Tournon fut promptement enlevée, et procura des armes aux nombreux détachements qui se dirigeaient sur tous les points. Les postes voisins se rendaient aux Etudiants, le plus souvent sur un simple mot des chefs de colonne. Ils furent bientôt maîtres de la poudrerie du Jardin-des-Plantes.

La place de l'Odéon, quartier-général de la jeunesse insurgée, prit l'aspect d'un véritable camp de guerre. C'était un spectacle étrange et terrible. Les uns faisaient des cartouches; les autres fondaient des balles auprès des barils de poudre défoncés où l'on puisait avec des chapeaux. Il n'y a de comparable, dans l'histoire, à cette sublime étourderie, que l'audace de cette batterie républicaine en Vendée, faisant rougir des boulets sur des grils ardents à côté de ceux qui fabriquaient de la poudre.

On remarquait au milieu de cette petite armée une jeune femme de la rue Monsieur-le-Prince, n° 15, qui, le 27, avait vendu ses effets pour fournir des secours aux blessés. On l'avait surnommée la *petite vivandière*. C'était mademoiselle Joséphine Mercier, élève sage-femme, qui se signala par des actes d'intrépidité. Grâce à un travestissement, elle n'était connue des gardes nationaux avec lesquels elle avait combattu, que sous le nom de Victor, élève en médecine. Cette femme courageuse, quoique d'une complexion délicate, ne paraissait pas avoir plus de quinze ans sous l'habit d'homme. La redingote verte dont elle était revêtue était percée de deux balles. La première dans les patrouilles et dans les découvertes, elle exposa souvent sa vie en soignant les blessés. Il ne manqua à la gloire de cette révolution aucun genre de dévouement.

Quand il y eut assez de munitions, les rangs se formèrent en plusieurs détachements et on s'assigna divers postes.

Lothon, élève de l'Ecole polytechnique, se dirige vers la place du Palais-Royal à la tête d'une colonne. Comme elle faiblissait sous un feu bien nourri, il revient seul à la charge pour lui donner l'exemple; mais blessé d'une balle à la tête, il tombe évanoui sur le pavé.

Un de ses camarades, Baduel, veut arriver aux Tuileries avec trente hommes; il est foudroyé par la mitraille à quelques pas de l'Arc-de-Triomphe du Carrousel.

Moduel, aussi de l'Ecole, dirige l'attaque du Louvre du côté de l'église Saint-Germain. Cette attaque se fait avec une telle impétuosité qu'en une minute, pour ainsi dire, on tient la place, malgré les décharges des Suisses retranchés derrière les colonnades d'en bas et d'en haut.

Sempoil, membre de la première vente, se trouvait au premier rang de la colonne qui s'avançait de la place de l'Odéon vers le Louvre. En passant sur les ponts, il fut atteint d'une balle morte à la poitrine. Dans la rue des Prouvaires, cette colonne fut lâchement fusillée par l'ordre d'un officier de garde nationale, qui, après avoir donné la main aux insurgés, commanda le feu inopinément. Ils se ralliérent néanmoins et parvinrent jusque sur la place Saint-Germain-l'Auxerrois. Au moment où Sempoil entrait sur cette place, il fut renversé par la commotion d'une décharge, sans cependant être blessé. Reprenant ses forces, il se releva aussitôt, commanda le feu contre la colonnade, et soutint l'attaque jusqu'à ce qu'une balle qui avait frappé contre les grillages de l'Église vînt se loger entre ses deux yeux, dans le sinus frontal, et le renversa évanoui (1).

Un jeune étudiant en médecine, Laroulandie, brave à chaque instant les balles et la mitraille, pour arracher les blessés à la mêlée et les panser ensuite.

Au milieu du feu terrible des Suisses, on voit un jeune homme courir au guichet du Louvre, se placer, le drapeau tricolore à la main, sur un piédestal, près la grille de gauche, et de ce poste périlleux exciter ses compagnons. Ceux-ci le rejoignent; Moduel s'élance sur la grille au risque d'être tué vingt fois, et parvient à la franchir. Les Suisses alors battent en retraite, abandonnent ce poste important et presque imprenable, qui ouvre à la révolution la porte des Tuileries.

La terreur panique qui avait saisi le bataillon du Louvre se communiqua rapidement aux troupes qui tenaient le Carrousel; elles se précipitèrent pêle-mêle, lanciers et Suisses, par l'Arc-de-Triomphe et par la porte du pavillon du milieu, dans le jardin; des pelotons, forcés d'attendre pour avoir passage, firent au hasard quelques décharges sur les Parisiens qui débouchaient par les rues Royale et de Rohan, et leur tuèrent quelques hommes, entre autres un jeune rédacteur du *Globe*, l'un des élèves les plus distingués de l'ancienne Ecole normale, G. Farcy, dont on voit encore l'inscription funéraire sur un des angles du café de la place du Carrousel, à l'endroit même où il est tombé...

Cependant le bruit s'était répandu que les Suisses renfermés à la caserne de la rue de Babylone s'apprêtaient à en-

(1) Sempoil fut aussitôt transporté chez son compatriote, M. Bernard (de Rennes), député, qu'il connaissait particulièrement. On lui prodigua des soins, et comme il faisait entendre qu'on se battait pour la République, M. Bernard lui répondit : « Oui, mon cher Sempoil, cette fois, c'est pour la République. » Cinq jours après, M. Bernard se promenait dans les voitures du lieutenant général, et Sempoil était désigné comme suspect.

voyer du renfort au Louvre; Vanneau propose de leur couper toute retraite en portant l'attaque devant cette caserne. Sa motion est couverte d'applaudissements; le principal noyau de la place de l'Odéon, formé en grande partie d'élèves des Ecoles de droit et de médecine, se met en marche. Arrivé devant les portes de la caserne, il se divise en trois colonnes; mais les Suisses se défendent avec acharnement : chaque fenêtre vomit la mort, et les assaillants reviennent plus d'une fois à la charge.

Charras met son chapeau au bout de son épée et s'élance en avant, suivi de Cantrez, autre élève de l'Ecole, et d'un ouvrier nommé Besnard. Les lourdes portes de la caserne résistent à tous les efforts; Vanneau fait apporter de la paille et du bois, et y met le feu sous la fusillade des Suisses. A ses côtés tombe au cri de « Vive la liberté! » un brave étudiant en médecine, Ader, armé d'une torche qu'il brandit encore en mourant. Un autre étudiant, Alphonse Moutz, a la cuisse traversée d'une balle (il mourut cinq jours après). Deux polytechniciens, Lacroix et d'Ouvrier, qui combattaient à côté de Vanneau, sont grièvement blessés; là aussi Raspail reçoit sa première blessure; Vanneau lui-même est atteint à la tête d'une balle qui lui donne la mort. — Touchant souvenir! après la prise de la caserne, les ouvriers se cotisèrent pour enterrer avec tous les honneurs celui qu'ils nommaient leur général. La collecte produisit 13 fr. 50 c., recueillis en sous et en liards.

La conduite des élèves de l'Ecole polytechnique fut admirable dans toutes ces journées, pendant la lutte, où ils firent des traits de bravoure, et au moment de la victoire, où ils arrachèrent tant de victimes à la fureur du peuple.

Dans un des combats contre la garde royale, celle-ci, repoussée par les citoyens, avait abandonné une pièce de canon qui se trouvait dans un espace vide; mais il y avait du danger de s'en approcher, à cause de la fusillade. Un élève de l'Ecole polytechnique s'élance sur la pièce, qu'il retient de ses deux bras : « Elle est à moi! dit-il; je la garde; je mourrai dessus plutôt que de la rendre! » Effrayé du danger, on lui crie derrière : « Les braves nous sont chers; vous allez être tué; revenez à nous! » Le jeune élève n'écoute rien et tient la pièce encore plus embrassée, malgré une grêle de balles qui pleuvent autour de lui. Enfin, la garde royale est forcée de reculer par le feu des citoyens, qui s'avancent alors sur le terrain, joignent la pièce et sauvent le brave qui s'en était emparé le premier.

A la prise du château, l'élève de l'Ecole polytechnique qui commandait se présente à la grille. Un officier supérieur s'approche aussitôt : « Ouvrez, lui dit le jeune commandant, si vous ne voulez pas être tous exterminés; car la liberté et la force sont pour le peuple. » L'officier s'y refuse et lâche son pistolet, dont le coup ne part pas. Le jeune élève, qui conserve tout son sang-froid, saisit au même instant l'officier à la poitrine, et, dirigeant son épée sur lui, il lui dit : « Votre vie est à moi; je pourrais vous égorger; mais je ne veux pas verser de sang. » L'officier, tout ému de cet acte de générosité, arrache la décoration qu'il portait et la lui présente en disant : « Brave jeune homme, vous êtes plus digne que moi de porter ce signe de l'honneur... Votre nom? — *Élève de l'Ecole polytechnique,* » répond le jeune homme, qui s'empresse de rejoindre les siens. — Un de ses camarades fut tué dans les appartements des Tuileries. Son corps, relevé avec respect par ceux qu'il avait conduits à la victoire, fut déposé sur le trône et couvert de lambeaux de crêpe rassemblés au hasard; il y demeura jusqu'à ce que son frère et quelques autres personnes de sa famille vinrent le réclamer (1).

L'influence des polytechniciens devint encore plus puissante quand on apprit que la dernière ordonnance signée par Charles X à Saint-Cloud prononçait l'abolition de l'Ecole polytechnique. On délivrait des fournitures de toute espèce sur un simple bon signé de leur main. — A l'Hôtel-de-Ville, le général Lobau, invité par M. Mauguin à signer un ordre concernant l'enlèvement d'un dépôt de poudre, refusait obstinément (2). « Il recule donc! dit un des élèves de l'Ecole polytechnique; mais rien n'est plus dangereux en révolution que les hommes qui reculent! Je vais le faire fusiller. — Y pensez-vous? répliqua vivement M. Mauguin. Faire fusiller le général Lobau, un membre du gouvernement provisoire! — Lui-même, reprit le jeune homme en

(1) *Gazette des Écoles,* rédigée par Guillard, n° du 5 août 1830.
(2) Louis Blanc, *Histoire de Dix ans,* t. I.

conduisant le député à la fenêtre et en lui montrant une centaine d'hommes qui avaient combattu à la caserne de Babylone, et je dirais à ces braves gens de fusiller le bon Dieu, qu'ils le feraient! »

Auguste Fabre raconte la scène suivante, arrivée à la prise des Tuileries, et qui caractérise assez nettement les dispositions des vainqueurs :

UN CITOYEN. — Victoire!... vite le drapeau tricolore sur le grand pavillon!... Vive la liberté! — Camarades, pourquoi brisez-vous ces glaces? Arrêtez: respect aux propriétés nationales!

D'AUTRES CITOYENS. — Non! non! brisez; nous ne voulons plus que personne puisse demeurer ici.

UN MEMBRE DE L'ASSOCIATION.— Si! si! nous y logerons Lafayette, président de la République française.

TOUS. — Bravo! bravo! Vive Lafayette! vive la liberté (1)!

Bazard, ce jeune homme dont le génie précoce et hardi avait pressenti, dix ans auparavant, la transformation du mouvement politique par les idées sociales, et qui avait inspiré la déclaration des principes de la loge des *Amis du peuple*, s'était rallié depuis à l'Ecole de Saint-Simon, qu'il trouvait plus qu'aucune autre dans la voie du véritable progrès. Il fit prévenir Lafayette qu'il avait à l'entretenir de grandes choses et obtint de lui une entrevue. « L'occasion est belle, lui dit-il, et voici que la fortune vous a livré la toute-puissance. Qui vous arrête? Soyez le pouvoir, et que la France soit par vous régénérée... (2) » Le général écouta parler ce jeune homme et le regarda avec étonnement; mais il ne le comprit pas. Quelques années après, Bazard mourait de chagrin, par suite de l'avortement des premiers essais de l'Association saint-simonienne.

Auguste Fabre se reproche vivement, dans un écrit qu'il

(1) Les écrivains de *la Quotidienne* prétendaient que le mouvement de Juillet n'était pas révolutionnaire, mais constitutionnel. — *La Tribune* du 22 août 1830 leur répondit en ces termes ; « Vous étiez au milieu de la population, et vous n'avez pas entendu cinq ou six mille jeunes gens marcher au combat comme de vieux guerriers, aux cris mille fois répétés de : Vive la République! Vous étiez au milieu de la population, et vous n'avez pas entendu cent mille fois, un million de fois, le cri de : Vive la nation! vive la liberté! »

(2) Louis Blanc cite textuellement ces paroles dans son *Histoire de Dix ans*.

a publié depuis, de n'avoir pas prévenu le retour aux illusions monarchiques, en réunissant dès la fin des diverses attaques les membres de l'Association, et en se portant avec eux à l'Hôtel-de-Ville, pour y faire triompher leurs idées et y mettre promptement à exécution le plan d'un gouvernement national. Il aurait encore pu s'installer avec les chefs aux Tuileries, y appeler Lafayette et en faire sortir une heure après la proclamation du nouveau gouvernement et la convocation des assemblées primaires, à l'effet de nommer un congrès constituant, ce qui aurait coupé court à toutes les intrigues des ex-députés de l'ex-roi Charles X. « Il est vrai, ajoute Fabre, que, privé de l'ascendant que m'eussent donné de grands services récents et évidents pour tous, je ne pouvais balancer la puissance prêtée aux doctrinaires et l'engoûment attaché au titre de député. »

L'influence des Ecoles, disons-nous, eût été décisive sur les suites de la victoire; mais la première chose à faire était de maintenir le peuple sous les armes en place de Grève et d'intimider les intrigants, qui, une fois le danger passé, commençaient à lever la tête.

Pendant les événements de Juillet, nous dit un témoin oculaire, l'un de ceux qui, après avoir organisé l'*Association de janvier* et le mouvement, se mêlèrent à la lutte; pendant ces événements les Ecoles étaient partout, excepté avec les traîtres. Ce furent les Etudiants qui armèrent le peuple et le décidèrent au combat; ce furent eux qui pansèrent les blessés, qui empêchèrent toute lâche vengeance et proclamèrent l'oubli pour tout soldat vaincu. Ce furent encore eux qui partagèrent leur mince repas avec le peuple après la bataille et qui s'obstinèrent à refuser, sauf quelques rares exceptions, toute récompense, toute faveur, toute place proposée en échange des services rendus. Prévoyant la trahison, et voulant la déjouer, les Ecoles restèrent pures de toute tache, et quand le partage ignoble des dépouilles s'opéra ouvertement, chacun des Etudiants regagna sa province, au grand étonnement des solliciteurs et des mendiants, qui riaient de ce qu'ils appelaient leur *niaiserie*, et traitaient d'utopies leurs trop justes prévisions.

Dans le combat, chaque fois qu'un Etudiant se trouvait en danger, le peuple se précipitait en avant et le couvrait de sa poitrine. Il semblait vraiment qu'il plaçât son salut dans des Ecoles. Ce prestige dura jusqu'au 23 décembre, époque où une machination de police organisée par M. Odilon Barrot, alors préfet de la Seine, vint briser en partie les liens qui unissaient si étroitement les grandes Ecoles et le peuple de Paris.

FIN DE LA PREMIÈRE PARTIE.

Voici ce que je disais en commençant ce livre :

« Je m'arrêterai après la révolution de Février 1848, pierre d'attente « du nouvel ordre social... Aurais-je même le temps d'arriver jusque-là ? « Je ne sais. L'aiguille court si vite sur le cadran des révolutions !... »

Les faits ne sont venus que trop vite justifier mes appréhensions.

Les rigueurs déployées contre la presse républicaine après le 13 juin 1849, la suppression des journaux et particulièrement la cessation de la *Révolution démocratique et sociale*, où une partie de ce travail a paru, ont entravé le cours de sa publication. — Détenu arbitrairement après les tristes journées de la Saint-Jean 1848, j'ai voulu me soustraire, cette fois, au caprice des vainqueurs de la République romaine et ne pas leur fournir une occasion de plus de violer la liberté individuelle. En conséquence, je me suis réfugié à Londres jusqu'à la fin du procès de Versailles, pour éviter la prévention qui a frappé mes camarades du *Comité des Ecoles*. Je me suis donc trouvé momentanément dans l'impossibilité matérielle de répondre à des engagements que je regarde comme sacrés.

Les loisirs forcés que m'ont créés les maîtres de la France m'ont mis à même de conduire l'*Histoire des Ecoles* jusqu'à la première moitié du XIXe siècle. — Louis Blanc, à qui j'ai communiqué cette œuvre, a voulu l'encourager en écrivant une préface qui servira d'entrée en matière pour la seconde partie (1830—1850).

Paris. — De Soye et Ce, imprimeurs, rue de Seine, 36.

www.ingramcontent.com/pod-product-compliance
Ingram Content Group UK Ltd.
Pitfield, Milton Keynes, MK11 3LW, UK
UKHW020145200726
13856UKWH00003B/859